Hannah Arendt

Der Liebesbegriff bei Augustin

PIPER

Zu diesem Buch

Hannah Arendts *Der Liebesbegriff bei Augustin* ist ihre erste veröffentlichte Schrift. Das 1929 erschienene Buch beruht auf ihrer im Jahr zuvor abgeschlossenen Dissertation bei Karl Jaspers. Darin greift sie bereits grundlegende Figuren ihres späteren Denkens auf: den Weltbegriff, die vita socialis, Verantwortung. Anhand des intersubjektiven Themas par excellence »Liebe« erörtert Arendt mit und gegen Augustinus die vielfältige »Doppeltheit« des Menschen zwischen Isolation und Gemeinschaft. Arendt prüft kritisch die Fundamente ethischen Denkens und nimmt dies mit Blick auf ein Personen-, Subjekt- und Liebesverständnis vor, das von andauerndem Interesse ist.

Hannah Arendt, am 14. Oktober 1906 im heutigen Hannover geboren und am 4. Dezember 1975 in New York gestorben, studierte unter anderem Philosophie bei Martin Heidegger und Karl Jaspers, bei dem sie 1928 promovierte. 1933 emigrierte Arendt nach Paris, 1941 nach New York. Von 1946 bis 1948 arbeitete sie als Lektorin, danach als freie Autorin. Sie war Gastprofessorin in Princeton und Professorin an der University of Chicago. Ab 1967 lehrte sie an der New School for Social Research in New York.
Thomas Meyer wurde an der LMU München promoviert und habilitierte sich auch dort. Nach zahlreichen Stationen im In- und Ausland lehrt Meyer Philosophie in München. Schwerpunkt seiner Forschungen und Publikationen bildet das 20. Jahrhundert. Er gibt im Piper Verlag die Schriften Hannah Arendts in einer Studienausgabe heraus.

Hannah Arendt

Der Liebesbegriff bei Augustin

Versuch einer philosophischen Interpretation

Herausgegeben und mit einem Nachwort versehen von Thomas Meyer

PIPER

Alle lieferbaren Titel von Hannah Arendt finden Sie auf Seite 188.

Erweiterte Neuausgabe
ISBN 978-3-492-31706-1
1. Auflage Juni 2021
2. Auflage August 2025

Für einen direkten Kontakt und Fragen zum Produkt
wenden Sie sich bitte an: *info@piper.de*

Umschlaggestaltung: Büro Jorge Schmidt, München
Satz: Eberl & Koesel Studio, Kempten
Gesetzt aus der Adobe Garamond Pro
Druck und Bindung: CPI books GmbH, Leck
Printed in the EU

Inhalt

Anlässlich der Studienausgabe von Hannah Arendts Schriften

Was Hannah Arendt dazu bewegte, der politischen Wirklichkeit so genau ins Gesicht zu sehen, waren die Kraft der Vernunft und die Verachtung der Illusion. Anderen schlüssig und verständlich zu machen, was sie sah, war ein großer geistiger Triumph – für sie persönlich, aber auch für die Tradition des offenen politischen Diskurses.

Judith Shklar (1975)

Die Studienausgabe in Einzelbänden von Hannah Arendts Schriften möchte dazu einladen, eine der bedeutenden Denkerinnen des 20. Jahrhunderts kennenzulernen oder erneut zu lesen. Ausgewiesene Experten untersuchen in ihren exklusiv für die Edition verfassten Nachworten die jeweiligen Werke. Die Autoren werden darin je eigene Schwerpunkte setzen, die Interessierten Hannah Arendts Gedankenwelt erschließen helfen, während sich die Spezialisten mit markanten Positionen auseinandersetzen können. Bewusst wurde darauf verzichtet, eine wie auch immer geartete Einheitlichkeit vorzugeben. Die Offenheit und die Vielfalt von Arendts Überlegungen werden sich folglich in den verschiedenen Positionen der Beiträger spiegeln, die innerhalb der Studienausgabe zu Wort kommen.

Die Ausgabe kann und will keine Konkurrenz zur kritischen, im Göttinger Wallstein Verlag erscheinenden Edition von Arendts Schriften sein. Die in Arendts Münchner Stammverlag Piper vorgelegten Bände bieten Texte, die auf der jeweils letzten, von ihr selbst noch überprüften Fassung beruhen. Druckfehler und andere offensichtliche Versehen sind korrigiert, die Zitate wurden überprüft, die bibliografischen Angaben und Register durchgesehen. Für all das trägt der Herausgeber die Verantwortung. Ziel war es, zitierfähige Ausgaben zu schaffen, die sowohl eine breite Leserschaft ansprechen als auch für Wissenschaftler eine verlässliche Textgrundlage bieten.

Die erste Lieferung der Edition wird jene Werke umfassen, die Arendts Ruf in Deutschland zu ihren Lebzeiten begründeten. In chronologischer Reihenfolge sind dies folgende Schriften: Die 1929 veröffentlichte Dissertation *Der Liebesbegriff bei Augustin. Versuch einer philosophischen Interpretation*, die erstmals 1955 vorgelegte Studie *Elemente und Ursprünge totaler Herrschaft. Antisemitismus, Imperialismus, Totalitarismus* und der zwei Jahre später veröffentlichte Band *Fragwürdige Traditionsbestände im politischen Denken der Gegenwart. Vier Essays*. Ebenso enthalten sind die 1959 publizierte Biografie *Rahel Varnhagen. Lebensgeschichte einer deutschen Jüdin aus der Romantik* und die im Jahr darauf erschienene Monografie *Vita activa oder Vom tätigen Leben*. Es folgen die Reportage *Eichmann in Jerusalem. Ein Bericht über die Banalität des Bösen* von 1964 und schließlich die ein Jahr später zugänglich gemachte Abhandlung *Über die Revolution*. Damit liegen im Piper Verlag erstmals die Augustin-Studie und die in dieser Form und unter dem Titel nie wieder aufgelegte, dem engen Freund Walter Benjamin gewidmete Aufsatzsammlung *Fragwürdige Traditionsbestände* vor.

Zu einem späteren Zeitpunkt werden unter anderem die zu Lebzeiten in deutscher Sprache veröffentlichten Zeitungsartikel, Aufsätze und Essays Arendts in chronologischer Reihenfolge neu herausgegeben werden. Das unvollendete Nachlass-Werk *Life of the Mind*, in der deutschen Übersetzung unter dem Titel *Vom Leben des Geistes* erstmals 1979 in zwei Bänden erschienen, wird die Ausgabe ergänzen, sobald eine verlässliche Textgrundlage verfügbar ist.

Hannah Arendts Werke sprechen für sich und die beigefügten Nachworte benötigen keinerlei Rechtfertigungen. Bleibt also der aufrichtige Dank an die Kolleginnen und Kollegen, die sich der Aufgabe unterzogen haben, mit ihren Beiträgen die Schriften Hannah Arendts für hoffentlich viele Leserinnen und Leser zu öffnen. Den Mitarbeiterinnen und Mitarbeitern vom Piper Verlag gilt der Dank für die Zusammenarbeit und die Courage, das Werk Hannah Arendts in der vorliegenden Form der Öffentlichkeit zugänglich zu machen.

Berlin, im Mai 2021

Thomas Meyer

HANNAH ARENDT:
DER LIEBESBEGRIFF BEI AUGUSTIN

MEINER MUTTER

Abkürzungsverzeichnis.

Es ist durchgängig zitiert nach der Paragrapheneinteilung der Mauriner-Ausgabe (Migne, P.l. Paris). Das Corpus scriptorum ecclesiasticorum latinorum wurde, soweit es vorlag, zur Lektüre benutzt. Die Paragrapheneinteilung der Mauriner-Ausgabe ist dort durch größere Zwischenräume zwischen den einzelnen Abschnitten kenntlich gemacht.

Act. c. Fel. Man.	= Acta contra Felicem Manichaeum.
D. b. vita	= De beata vita.
D. bono coni.	= De bono coniugali.
Cat. rud.	= De catechizandis rudibus.
Civ. Dei	= De civitate Dei.
Conf.	= Confessiones.
De cont.	= De continentia.
C. duas ep. Pel.	= Contra duas epistolas Pelagianorum ad Bonifacium.
C. Faust. Manich.	= Contra Faustum Manichaeum.
C. Jul. Pel.	= Contra Julianum Pelagianum.
Op. imp.	= Contra secundam Juliani responsionem imperfectum opus.

Discipl. christ.	= De disciplina christiana.
Div. quaest. Ad Simpl.	= De diversis quaestionibus ad Simplicianum.
De div. quaest. 83	= De diversis quaestionibus octoginta tribus.
Doctr. christ.	= De doctrina christiana.
Enchir.	= Enchiridion de fide spe et caritate.
En. in Ps.	= Enarrationes in Psalmos.
Ep.	= Epistolae.
Ep. ad Rom. inch. expos.	= Epistolae ad Romanos inchoata expositio.
Expos. Ep. ad Gal.	= Expositio Epistolae ad Galatas.
Expos. Ep. ad Rom.	= Expositio quarumdam propositionum ex Epistolae ad Romanos.
Fid. et op.	= De fide et operibus.
De Fid. rer.	= De fide rerum quae non videntur.
Gen. ad Litt.	= De Genesi ad Litteram.
Grat. et lib. arb.	= De gratia et libero arbitrio.
Ioan. Ev. tr.	= In Ioannis Evangelium tractatus.
Ep. Ioan. tr.	= In Epistolam Ioannis ad Parthos tractatus.
De lib. arb.	= De libero arbitrio.
De mend.	= De mendacio.
De mor. eccl. 1 De mor. Man.	= De moribus ecclesiae catholicae et de moribus Manichaeorum.
De mus.	= De musica.
De nat. boni c. Man.	= De natura boni contra Manichaeos.

Nat. et grat.	= De natura et gratia.
Nupt. et concup.	= De nuptiis et concupiscentia.
De ord.	= De ordine.
Pecc. mer. et rem.	= De peccatorum meritis et remissione.
Quaest. 17 in Ev. sec. Mt.	= Quaestiones septemdecim in Evangelium secundum Matthaeum.
Retr.	= Retractationes.
Serm.	= Sermones.
Solil.	= Soliloquia.
Spir. et Litt.	= De spiritu et littera.
De trin.	= De trinitate.
De util. cred.	= De utilitate credendi.
De v. rel.	= De vera religione.
Enn.	= Plotin, Enneaden.
Nik. Eth.	= Aristoteles, Nikomachische Ethik.
Corp. script.	= Corpus scriptorum ecclesiasticorum latinorum.

Einleitung.

Die Schwierigkeiten, die einer verstehenden Interpretation Augustins entgegenstehen, lassen sich der Eigentümlichkeit seines Werkes gemäß in drei prinzipiellen Punkten aufzeigen, durch die jede Darstellung entscheidend bestimmt und eingeengt wird: 1. das Nebeneinander verschiedenartigster Gedankengänge; 2. die im Alter immer stärker zunehmende dogmatische Gebundenheit; 3. die Tatsache einer biographisch aufzeigbaren Entwicklung, die einen sehr ausgeprägten Wandel seines Gedankenumkreises bedingt.

ad 1. Um dem *Nebeneinander* der Gedanken und Theorien, die man zumeist als Widersprüche aufgezeigt findet, gerecht zu werden, wird diese Arbeit in ihrem durch das Thema angezeigten Bereich in drei Teilen drei begriffliche Zusammenhänge, in denen das Liebesproblem eine entscheidende Rolle spielt, aufzuzeigen bemüht sein, und sie wird, immer geleitet von der Frage nach Sinn und Bedeutung gerade der Nächstenliebe, jeden dieser Zusammenhänge daraufhin pointieren. Da die Nächstenliebe als christliches Gebot abhängig ist von der im Glauben ergriffenen Liebe zu Gott und der daraus entsprungenen neuen Stellung zu dem eigenen Selbst, wird jeder der beiden ersten Teile von der Frage auszugehen haben, was besagt es, Gott und sich selbst zu lieben, und erst in einem kurzen Schluß wird die jedesmalige Anwendung gegeben werden, die getragen ist von der Frage nach der Relevanz des Nächsten für den der Welt und ihren Begierden entfremdeten

Gläubigen. In jedem Verständnis, in jeder Äußerung über Liebe ist diese Nächstenliebe von Augustin zumindest mitgemeint, und so wird die Frage nach der Relevanz des Nächsten immer zugleich zu einer Kritik an dem herrschenden Begriff von Liebe, an der Stellung des Menschen zu sich und zu Gott (denn du sollst deinen Nächsten lieben wie dich selbst, heißt es, und diese Möglichkeit hast du nur als von Gott und seinem Gebot Ergriffener). Diese Kritik besagt nie eine absolute Kritik von irgendeinem festen philosophischen oder theologischen Standpunkt aus, sie ist nur Kritik, weil der jeweilige Liebesbegriff ein christlicher zu sein beansprucht. Christlich wieder besagt auch niemals mehr als paulinisch und dies deshalb, weil Augustins Leben und Denken, sofern es wirklich religiös und nicht von neuplatonisch-griechischen Einwirkungen bestimmt ist, sich vorwiegend an Paulus orientiert, wie er es selber in den Konfessionen zugesteht.

Das Nebeneinander der dargestellten Gedankenreihen systematisch zu verbinden, und sei es auch in antithetischer Form, verbietet sich von selber, will man Augustin nicht eine Systematik und logische Korrektheit aufzwingen, die er nie gehabt hat. Zusammengehalten werden die einzelnen Teile nur durch die Frage nach der – für Augustin ohne weiteres selbstverständlichen – Relevanz des Anderen. Nur der Glaube an die Wichtigkeit jeder der dargestellten Gedankenreihen, der sich nur in der Darstellung selbst verifizieren läßt, gibt der scheinbaren Uneinheitlichkeit der Untersuchung ihre Berechtigung. Scheinbar ist diese Uneinheitlichkeit deshalb, weil sie einmal durch eine einheitliche Frage der Verfasserin zusammengehalten ist, und weil sie ferner im Grunde von der Uneinheitlichkeit des augustinischen Werkes selber abhängig ist, welche zugleich seinen eigentümlichen Reichtum und Reiz ausmacht.

Daß in drei Abschnitten drei voneinander unabhängige Grundintentionen abgehandelt werden, besagt nun aber nicht, daß man etwa Augustins Schriften in drei Klassen teilen könnte, in denen er jeweils ausführlich seine Position dargelegt hätte, sondern jede seiner Äußerungen ist *u. E. auf eine der drei herausgestellten Intentionen hin* zu interpretieren. Damit aber verstehen wir unter Interpretieren, das explizit zu machen, was Augustin selber nur implizite gesagt hat, und in diesem Explizieren zu zeigen, wie in ein und demselben Zusammenhang verschiedene Intentionen zusammengehen und sich gegenseitig beeinflussen. Die Untersuchung ist durchgängig Analyse, und zwar eine Analyse, die durchzustoßen sucht zu den Hintergründen, die Augustin selber gerade nicht mehr deutlich macht. Daraus ergibt sich eine Systematik, die nicht etwa Augustin in eine ihm unbekannte Folgerichtigkeit einspannen will, sondern die lediglich versucht, auch scheinbar heterogene Aussagen und Gedankenfolgen auf ein sachlich gemeinsames Fundament hin zu interpretieren. Dabei kann sich herausstellen, daß das sachliche Fundament selbst heterogene Intentionen aufweist – wie etwa in dem doppelten Weltbegriff des zweiten Teils. Wie diese Fundamentalintentionen in einem explizit nicht mehr durchsichtigen Zusammenhang jede einzelne Aussage wieder bestimmen und evtl. abbiegen, will die Analyse zeigen. Damit aber zeigt sie trotz der Systematik im Einzelnen gerade die Uneinheitlichkeit des Ganzen.

ad 2. Der *dogmatischen Gebundenheit* Augustins an die Autorität von Schrift und Kirche werden unsere Analysen großenteils fremd gegenüberstehen, weil sie ihrem Wesen und Sinn nach gerade prinzipiell nicht dogmatisch gebunden sind. Aber diese beabsichtigte Fremdheit allem Dogmatischen gegenüber, die einer Interpretation eines religiösen Autors zum Verhängnis werden kann, ist bei Augustin relativ leicht sachlich zu rechtfertigen. Er sagt de doctr. christ. III, 22: Non intellexerunt […] »Quod tibi fieri non vis alii ne feceris«, nullo modo posse ulla eorum gentili diversitate variari.Quae sententia cum refertur ad dilectionem Dei omnia flagitia moriuntur; cum ad proximi omnia facinora (vgl. auch En. in Ps. LVII, 1). Dem ausdrücklichen Gebot der Nächstenliebe geht also noch ein anderes voraus, unabhängig von jeder expliziten Offenbarung Gottes, wie sie in Christus wirklich geworden ist, jene lex scripta in cordibus nostris (passim, für unsere Frage vor allem Conf. II, 9, wo diese lex ausdrücklich von der lex Dei geschieden ist). Das christliche Gebot verschärft dieses »natürliche« Gesetz und bringt dadurch erst das Miteinander der Menschen zu seiner höchstmöglichen Eigentlichkeit, in der alle facinora getilgt sind. Wir werden also undogmatisch den Raum unserer Interpretation nach zwei Seiten hin begrenzen können, indem wir einmal nach jener vortheologischen Sphäre fragen, und indem wir andererseits zu erfassen suchen, was in der christlichen Ausgestaltung die Deutung Augustins für das spezifisch Neue hält, worin die verlangte und behauptete Eigentlichkeit des menschlichen Lebens, gesetzt nicht mehr nur unter die lex scripta in cordibus nostris, sondern unter das von außen befehlende Gesetz Gottes liegt, und warum diese lex Dei überhaupt für das menschliche Dasein, sofern es sich auf sich selbst besinnt (quaestio mihi factus sum), der einzige Weg zu seiner eigenen Wahrheit ist, die ihm in der conscientia vorgezeichnet ist. So zu fragen und zu interpretieren gibt Augustin selber uns ein Recht, wenn er aller Autorität nur vorbereitende und erziehende Funktion zugesteht. (Conf. VI, 8: ideoque cum essemus infirmi ad inveniendam liquida ratione veritatem et ob hoc nobis opus esset auctoritate sanctarum Litterarum [...] De Ord. II, 26: ad discendum item necessario dupliciter ducimur, auctoritate atque ratione. Tempore auctoritas, re autem ratio prior est.) Kein radikaler Bruch zwischen auctoritas und ratio zwingt uns in der Interpretation, uns in die ewig paradoxe Problematik des Glaubenden einzulassen, wie ihn Paulus und Luther verstanden haben. Die Autorität befiehlt bei Augustin von außen, was die lex interna, die conscientia uns auch sagen würde, wenn wir nicht durch consuetudo schon immer in die Sünde verstrickt wären.

Dieser interpretierenden Tendenz nach zwei Seiten hin entsprechen in den beiden ersten Teilen die beiden ersten Abschnitte (während der letzte, wie schon gesagt, immer nur die jeweilige Probe aufs Exempel darstellt), von denen der erste die vortheologische Sphäre sich zu vergegenwärtigen sucht, aus der Definitionen wie amor appetitus quidam est oder das Verhältnis der creatura zum creator als ihrem Ursprung überhaupt erst verständlich sein können. In einem zweiten Abschnitt wird dann der spezifische Umschlag ins Christliche zu erfassen gesucht, in den trotz aller entscheidenden Differenz (vor allem im zweiten Kapitel) die Grundintentionen, die vor aller spezifisch theologischen Deutung liegen, eingehen. Die begriffliche Grundlegung gibt das Fundament her für die Kriterien einer möglichen Eigentlichkeit oder Uneigentlichkeit des menschlichen Daseins coram Deo, so wie Augustin dieses verstand. (Mit diesen Ausführungen ist selbstverständlich weder etwas darüber ausgemacht, ob sachlich solch eine vortheologische Sphäre überhaupt zu rechtfertigen ist, noch ob mögliche Eigentlichkeit oder Uneigentlichkeit menschlichen Daseins wirklich coram Deo entschieden wird.)

ad 3. Die Uneinheitlichkeit der augustinischen Schriften ist zumeist erklärt – und dies bis zu einem gewissen Grade mit Recht – durch die Tatsache, daß Aug., herkommend aus der spätantiken Bildungswelt und von fast all ihren Tendenzen irgendwann einmal entscheidend bestimmt, nach seiner Bekehrung in einem langen, biographisch datenhaft aufzeigbaren Prozeß immer mehr unter die Einwirkung christlicher Vorstellungen und religiöser Glaubensartikel kommt, immer mehr aus dem antiken Rhetor und begabten Schriftsteller zu dem »Kirchenvater« wird, als der er in der Geschichte weitergelebt und gewirkt hat, und dies so sehr, daß er am Ende seines Lebens sein gesamtes Schriftwerk in den Retraktationen einer ausdrücklichen Revision daraufhin unterzieht. Auf diese Entwicklung keine Rücksicht zu nehmen, wie wir es in unseren Analysen tun, scheint zunächst schlechthin unverantwortlich. Einer Darstellung der Entwicklung Augustins gegenüber (wie sie am besten meines Wissens in dem Buch von Prosper Alfaric, *L'évolution intellectuelle de St. Augustin*, Paris 1918, vorliegt, aber leider bisher erst bis zum Neuplatonismus geht) ist zur Verteidigung des Versuches einer rein philosophisch interessierten Untersuchung folgendes zu sagen: Nichts von dem Gedankengut antiker und spätantiker Philosophie, das Augustin in den einzelnen Epochen seines Lebens in sich aufgenommen hat, von Ciceros Hortensius bis zu der Übersetzung Plotins durch Victorinus Rhetor ist je aus seinem Denken wirklich und radikal ausgeschieden worden. Die radikale Alternative zwischen philosophischer Selbstbesinnung und religiösem Glaubensgehorsam, wie sie etwa der junge Luther wirklich vollzogen hat, blieb ihm fremd. Ein wie gläubiger und überzeugter Christ er auch wurde, um wieviel tiefer und tiefer er auch durch die Lektüre der Paulusbriefe und der Psalme, des Johannesevangeliums und der Johannesbriefe in die eigentliche Problematik des Christentums eindrang, nie verlor er den Impuls philosophischen Fragens ganz, nie hat er es radikal aus seinem Denken ausgeschaltet. Das aber besagt für die Interpretation, daß es möglich ist – und auch diese Möglichkeit wie alles vorher Gesagte läßt sich nur in der konkreten Analyse selbst verifizieren – unabhängig von der Entwicklung, in der die verschiedenen Intentionen verschieden pointiert werden, diesen Grundintentionen nachzugehen, zu sehen, wie die neuplatonischen Ansätze, wenn auch versteckt, in jeder christlichen Problematik weiter wirken, eigentümlich umformen – verdecken, könnte man sagen von einem rein christlich orientierten Verständnis aus. Es ist hier von vornherein nie die Frage, roh gesagt, was das Ursprünglichere ist, Griechentum oder Christentum. Es wird sich in den einzelnen Analysen zeigen, nicht so sehr was gesiegt hat, als woran das ursprüngliche Interesse sich orientiert, und dies ursprüngliche Interesse, das sich kundgibt in Äußerungen wie quaestio mihi factus sum, wird als ein einfach vorgegebenes und im Rahmen dieser Arbeit nicht mehr interpretiertes Phänomen angesehen. In dem

Rahmen unserer Themastellung, der Liebesbegriff, werden wir versuchen klarzulegen, nach welchen Richtungen sich die Ausdeutung und Orientierung Augustins selber bewegt.

Die Arbeit bietet drei Analysen. Die erste Analyse beginnt mit dem amor, verstanden als appetitus, der einzigen Definition, die Augustin von dem amor gegeben hat. Am Ende der Analyse in der Darstellung der ordinata dilectio sehen wir, zu welchen Unstimmigkeiten diese Definition im Sinne Augustins selber führt und sind so gezwungen, zu einem ganz anderen Begriffszusammenhang fortzuschreiten, der in einem eigentümlich peripheren und aus der ersten Analyse nicht verständlichen Sinn in die versuchte Herleitung der Nächstenliebe aus dem amor qua appetitus schon hereinspielt. Auch die zweite Analyse läßt nur verständlich werden, als was der Nächste in der dilectio proximi geliebt wird, und erst die dritte Analyse hellt die Unstimmigkeit der zweiten auf, die sich in der Frage pointiert, wie kann der von allem Welthaften isolierte Mensch coram Deo überhaupt noch ein Interesse am Nächsten haben. Dies tut sie, indem sie aus einem ganz anderen Zusammenhang die Relevanz des Nächsten erweist. Die Aufhellung von Unstimmigkeiten besagt hier nie Lösung eines Problems, das aus einem relativ geschlossenen Begriffs- und Erfahrungszusammenhang erwächst, sondern gibt immer nur Antwort auf die Frage, wie kommt es, daß diese Unstimmigkeiten auftauchen, welche ganz anderen Intentionen führen zu diesen – für ein systematisches Denken – unverständlichen Widersprüchen. Es gilt, die Widersprüche als das, was sie sind, stehen zu lassen, sie als Widersprüche verständlich zu machen, das, was hinter ihnen steht, zu erfassen.

Erster Teil.
Amor qua appetitus.

1. Der Strukturbestand des appetitus.

Nihil enim aliud est amare, quam propter se ipsam rem aliquam appetere. Und etwas weiter: namque amor *appetitus* quidam est (De div. quaest. 83, qu. 35, 1 u. 2). Jeder appetitus ist gebunden an etwas Bestimmtes, das er begehrt. Dieses Was seines Begehrens hat das Begehren, ihn selbst, erst entzündet und ihm seine Richtung gegeben. Er ist bestimmbar nach dem Bestimmten, Vorgegebenen seines Strebens.[1] Dieses Bestimmte wird von ihm nicht erst auf seinem Wege entdeckt, sondern es ist für ihn immer schon vorgegeben, er richtet sich aus auf eine gekannte Welt. Die gekannte res ist ein *bonum*, denn sie wird propter se ipsam erstrebt. In diesem Erstrebtsein ist die res für den amor unabhängig von ihren Bezogenheiten zu anderen Objekten und stellt nur das ihr isoliert zukommende bonum dar. Das Spezifische dieses bonum ist, daß es nicht gehabt wird. Wenn es gehabt wird, hört der appetitus auf, es sei denn, daß Gefahr besteht, das Erworbene wieder zu verlieren; in diesem Fall schlägt der appetitus habendi um in den metus amittendi. Der appetitus hat, da er das bonum und nicht beliebige Sachen erstrebt, neben seinem Ausgerichtetsein auf … die Rückbezogenheit des Für … Er ist rückbezogen auf den Menschen, der das bonum und malum der Welt kennt und bestrebt ist, beate vivere. Aus der Grundhaltung des *beatum esse velle*[2] wird dem appetitus jeweils sein bonum vorgegeben. Der appetitus bzw. der amor ist die Möglichkeit des Menschen, sich in den Besitz seines bonum zu setzen.[3]

Dieser amor schlägt um in den *metus*: qu. 33: Nulli dubium est non aliam metuendi esse causam nisi ne id quod amamus aut adeptum amittamus aut non adipiscamur speratum. Aus dem Haben- und Haltenwollen des appetitus entsteht die Furcht vor dem Verlust.

Im Augenblick des Habens wandelt sich das Begehren in die Furcht. Wie das Begehren das bonum begehrt, fürchtet die Furcht das malum. Das malum, vor dem die Furcht flieht,[4] bedroht das beate vivere, das im Besitz des bonum besteht. Solange der Mensch die res temporales begehrt, steht er ständig in dieser Bedrohung, und dem *appetitus habendi* entspricht dauernd der *metus amittendi*. Unabhängig von dem Menschen, der durch den appetitus an sie gebunden ist, entstehen und vergehen die temporalia bona. Durch appetitus und metus ständig an eine Zukunft gebunden,[5] von der es ungewiß ist, was sie bringen wird, verliert jede Gegenwart Ruhe und Möglichkeit des Genusses und damit eigenständige Bedeutung überhaupt.[6] Jede Gegenwart ist bestimmt nicht durch Zukunft schlechthin (wie es bei Augustin auch möglich ist, wie wir später sehen werden), sondern durch bestimmte, aus der Zukunft her erhoffte oder gefürchtete Ereignisse, die der Betroffene begehrt und herbeizuschaffen sucht oder flieht und aus dem Wege räumt. Die beatitudo besteht im Besitz (habere, tenere) des bonum und mehr noch in der Sicherheit des Nichtverlierens. Diese negative Bedeutung der Sicherheit, in der allein das bonum wirklich gehabt wird, ist nur zu verstehen aus der konkreten Bestimmung des bonum selbst. Das bonum und malum ist gut und schlecht für den, der beate leben will. A. führt Serm. CCCVI, 3 u. 4 aus, daß alle Menschen glücklich leben wollen, aber jeder unter glücklich und den Gütern, die zum Glück gehören, etwas anderes versteht und begehrt. Alle aber sind sich einig in dem Lebenwollen. Die *beata vita* ist somit die von jedem anders verstandene wahre vita. Das Leben, das ständig vom Tod bedroht wird, ist kein Leben, weil es ständig in der Gefahr steht, das, was es ist, zu verlieren, und es auch eines Tages sicher verliert (Serm. CCCVI, 7 ipsa est vita quae et aeterna et beata). Die beata vita ist dort, wo unser Sein keinen Tod haben wird.[7] Das *bonum* also, das der amor erstrebt, ist das *Leben*, und das *malum*, vor dem die Furcht flieht, ist der *Tod*. Die beata vita ist das unverlierbare Leben. Das irdische Leben ist eine mors vitalis oder eine vita mortalis, ein Leben, das unter der Bestimmung des Todes steht.[8] Dieses Leben wird zum ständigen timere. (Serm. CCCVI, 7: Sed sanitas et vita si timetur ne finiatur, iam non est vita. Non est enim semper vivere sed semper timere.)

Alle einzelnen Ängste vor bestimmten Übeln sind von dieser Grundfurcht geleitet. Der Tod, der dem Leben ein Ende macht, beschließt zugleich die ständige Sorge des Lebens in sich, und zwar sowohl in der Sorge um die irdisch-vergängliche beatitudo wie in der um das Leben nach dem Tode.[9] Dort, wo es keinen Tod und somit keine Zukunft gibt, ist es möglich, sine angore curae zu leben (ep. 55, 17). Die Furcht des Lebens vor dem Tod fürchtet sich vor sich selber als einem Leben, das sterben muß und als solches ständig in der Furcht ist.[10] So wird das Wovor der Furcht das Fürchten selbst.[11] Wo man nichts verlieren kann, herrscht die furchtlose Sicherheit des Besitzes. Diese Furchtlosigkeit erstrebt der amor. Der amor als appetitus ist bestimmt durch das Was, dem er zustrebt. Dieses Was ist das *Freisein von Furcht* (metu carere. De div. quaest. 83, qu. 34). Das amittere posse ist deshalb der Ausgang für die Bestimmung des amandum, weil das Leben ständig sich selbst im Näherkommen an den Tod verliert.[12]

So wird das bonum des amor als das bestimmt, was nicht verloren werden kann.[13] Wir sehen, daß das Gut des Menschen, das ihn zur beatitudo bringen soll, wesentlich aus zwei heterogenen Zusammenhängen her definiert ist: das bonum ist einmal das Erstrebte des appetitus, d.h. ein in der Welt vorfindbares Nützliches, das in den eigenen Besitz erhofft ist; das Bestimmende des bonum ist andererseits gewonnen aus der Furcht vor dem Tode, d.h. der Furcht des Lebens vor seiner eigenen Vernichtung. Alle übrigen Zufälle des Lebens, die der Mensch nicht in der Hand hat, werden zurückgeführt auf die mangelnde potestas über das Leben selbst.[14] Der Tod aber erfährt analog eine doppelte Ausdeutung: er ist einmal der Index für die mangelnde Verfügbarkeit des Lebens über sich selbst, und er ist andererseits das äußerste, auf das Leben zukommende malum, das dem Leben schlechthin Abträgliche. Als dieses äußerste malum kommt der Tod von außen auf das Leben zu, und das Leben flieht vor ihm, während in Ausdrücken wie vita mortalis das Leben von vornherein als sterbliches gesehen ist. Das Bewußtsein dieser mangelnden potestas, in der das Leben von vornherein als sterbliches angesetzt ist, widerspricht der Definition des amor als appetitus, weil der appetitus als Streben seinem eigenen Sinn nach etwas Erreichbares erstrebt, mag das Herbeiführen des Erreichbaren auch mißlingen. Ist der Tod nur als das äußerste malum gesehen, so ist die Einheitlichkeit der Argumentation gewahrt (amor qua appetitus).[15] Aber in der doppelten Auslegung des Todes wird gerade der doppelte Ansatz dieser ganzen Problematik deutlich. Wir halten vorläufig fest: das Leben erstrebt etwas, was es als vom Tode Bestimmtes prinzipiell nicht in seiner Hand hat und erstrebt dies als ein für es Verfügbares.

Jedes bonum oder malum *steht bevor*. Das an der letzten Grenze Bevorstehende, dem das Leben dauernd zulebt, ist der Tod. Jede Gegenwart des Menschen ist von diesem Bevorstehenden her bestimmt als ständiges Noch-nicht. Jedes Haben ist beherrscht von der Furcht und jedes Nichthaben von der Begierde. Die Zukunft, in der der Mensch lebt, ist also stets die erwartete Zukunft, die durch das gegenwärtige Ersehnen oder Fürchten restlos bestimmt ist. Die Zukunft ist nichts anderes als das Noch-nicht der Gegenwart, das droht oder erfüllt. Aber jede Erfüllung ist eine scheinbare, weil am Ende der Tod droht und mit ihm der radikale Verlust. Das heißt, das Noch-nicht der Gegenwart ist das immer zu Fürchtende. Zukunft kann für die Gegenwart nur bedrohlich sein. Nur eine Gegenwart ohne Zukunft ist nicht mutabilis, schlechthin unbedroht. In ihr lebt der ruhige Besitz. Dieser Besitz ist das Leben selber, denn alle bona waren ja nur für das Leben da, um es vor seinem Tode, seinem Verlorengehen zu schützen. Diese Gegenwart ohne Zukunft, die keine bona mehr kennt, sondern selber das absolute bonum (summum) ist, ist die *Ewigkeit.* Diese Ewigkeit ist das, was invitus amittere non potes. Der amor, der innerhalb des Irdischen nach etwas Sicherem strebt, über das er verfügen kann, wird dauernd enttäuscht, weil alles der Sterblichkeit verfallen ist. In dieser Enttäuschung schlägt er um und wird ausschließlich negativ bestimmt: zu lieben ist nur noch das *metu carere.* Diese Furchtlosigkeit existiert nur in der völligen Ruhe, die durch keine aus der Zukunft her zu erwartenden Ereignisse mehr zu erschüttern ist. Das bonum, das nur zu verstehen ist als Korrelat zu dem als appetitus bestimmten amor, und das für das sterbliche Leben sinnlos ist, wird herausprojiziert in eine absolute, nach dem Tode einsetzende Gegenwart, die für das irdische Leben zwar zur absoluten Zukunft wird, aber dennoch als begehrte so bevorsteht wie jedes andere aus der Zukunft her erwartete bonum auch, nur mit dem Unterschied, daß das Leben, das auf diese absolute Zukunft seine Erwartung richtet, nicht mehr enttäuscht werden kann. Das bonum aber behält seine Negativität und Inhaltlosigkeit – erstrebt wird die pure Ruhe, das pure metu carere –, die entstanden sind aus der Sinnlosigkeit des appetitus für ein Leben, das wesentlich vom Tode her verstanden ist und für das Verfügenwollen einfach widersinnig geworden ist.[16]

Von dem so gewonnenen Begriff des bonum, von der Ewigkeit aus wird nun die Entwertung und Relativierung der Welt und Zeitlichkeit vollzogen. Alle weltlichen Güter sind mutabilia, veränderlich; da sie keinen Bestand haben, sind sie auch eigentlich nicht.[17] Es ist auf sie kein Verlaß. Aber selbst wenn sie Bestand hätten, das menschliche Leben selbst hat ja keinen Bestand. Täglich verlieren wir das Leben selber. Indem wir leben, eilen wir dem Nichts zu.[18] Nur das, was gegenwärtig ist, ist wirklich.[19] Das Leben aber ist immer nicht mehr oder noch nicht.[20]

Wir sahen, daß der amor ein bonum erstrebt, das seinem Sinn nach außerhalb des Strebens selber liegt. Da aber alles, was von außen auf das Leben zukommt, nur erstrebt ist um des Lebens willen, so ist eigentlich das *Leben* zu erstreben. Das Leben wird selber zum erstrebten bonum. Als die wahre vita, die identisch ist mit dem *esse*, d. h. Bestand hat, ist das bonum herausprojiziert in die Ewigkeit und wird so wieder zu dem, was von außen bevorsteht, zu einem bonum, wenn auch zum höchsten. Charakteristisch und verräterisch ist die Bezeichnung Gottes als res qua fruendum est,[21] die die Identität von esse und vivere verkörpert und zugleich die aeterna res ist, die begehrt wird. Das Leben also ist eine res, die aus der Welt verschwindet, keinen Bestand hat. Das Leben ist angesehen auf seinen »sachlich« weltlichen Bestand hin, es ist außerhalb, und zwar außerhalb seiner selbst, als das, was in der Welt vorkommt und als veränderlich sich an das Unveränderliche hält, um von ihm seinen Bestand zu erhalten. Dieses Bestand Verleihende ist die Ewigkeit, das Was des Begehrens. Wie den appetitus das Was seines appetere erst bestimmt, so bestimmt A. das Leben überhaupt nach dem Was seines Begehrens. Es begehrt die weltlich vorkommenden bona und wird selbst so zu einem weltlich vorkommenden bonum. Die res hat Bestand. Sie ist morgen dieselbe, die sie heute war. Das Leben verschwindet von Tag zu Tag, indem es dem Tode zueilt; es hat keinen Bestand, es bleibt nicht als Identisches bestehen,[22] es ist nicht immer gegenwärtig und ist es eigentlich nie, weil es immer noch nicht oder nicht mehr ist. Seiner eigenen Unbeständigkeit kann kein irdisches Gut Halt verleihen, die Zukunft wird sie ihm alle entreißen, im Tode verliert es mit sich selbst auch alles, was es erraffte. Alle weltlichen

Güter sind zwar an sich als von Gott erschaffene gut. Erst das Leben, das sich an sie klammert und dessen Zukunft sie ihm immer entreißt, macht auch sie zu veränderlichen, mutabilia. Mundus enim appelatur non solum ista fabrica quam fecit Deus, coelum et terra [...] sed habitatores mundi mundus vocantur [...] omnes ergo dilectores mundi mundus vocantur (Ep. Ioan. tr. II, 12). Die Welt als irdische wird nicht nur durch die Werke Gottes als solche konstituiert, sondern durch die dilectores mundi, die Menschen und das, was die Menschen lieben. Erst die Liebe zur Welt macht coelum et terra zur Welt, zur res mutabilis. Das Streben nach Bestand, das den Tod flieht, hat sich gerade an das gehängt, was mit dem Tod sicher verlorengeht. Der amor hat ein falsches amatum, nämlich eines, das sein Streben dauernd enttäuscht. Der rechte amor besteht gerade in dem rechten amatum. Der sterbliche Mensch, der in die Welt gesetzt ist – Welt jetzt als coelum et terra – und aus ihr heraus muß, macht mit seinem sich an die Welt Klammern die Welt selber zu einer verschwindenden, nämlich der im Tode verschwindenden. Die spezifische Gleichsetzung von irdisch und sterblich ist erst möglich, wenn die Welt von dem Menschen, dem moriturus her gesehen ist. Diesen falschen amor, der sich an die Welt klammert und damit zugleich die Welt konstituiert, d. h. weltlich ist, nennt A. *cupiditas*, den rechten amor, der nach der Ewigkeit und der absoluten Zukunft strebt, *caritas*.

2. Caritas und cupiditas.

Beide Begriffe sind also, wie das Vorherige zu zeigen versuchte, gewonnen aus der Bestimmung des amor als appetitus, der der griechisch-aristotelischen ὄρεξις entspricht. Caritas und cupiditas sind unterschieden voneinander durch den Gegenstand ihres Strebens, nicht durch das Wie des Strebens selber.[23] Sie bezeichnen vorerst die Zugehörigkeit zu etwas und nicht die Haltung, den Habitus. Der Mensch ist, was er erstrebt.[24] Der amor vermittelt zwischen amans und amatum, der amans ist nie isoliert von seinem amatum, sondern zu ihm gehörig.[25] Die Begierde nach Weltlichkeit ist weltlich, gehört zur Welt. Der cupidus hat durch seine cupiditas selber seine Vergänglichkeit entschieden, während die caritas vermöge der erstrebten aeternitas selbst ewig wird. Der Einzelne lebt zwar isoliert, vermöge des amor aber versucht er ständig, diese Isoliertheit aufzuheben, sei es, daß die cupiditas ihn zu einem Bewohner dieser Welt macht, sei es, daß die caritas ihn zwingt, in der absoluten Zukunft zu leben, in der er Bewohner *jener* Welt sein wird. In der caritas lebend wird die Welt zur Wüste, statt zur Heimat, sie ist leer und fremd dem, was der Mensch sucht.[26] Warum aber ist die Welt für das Suchen des Menschen die Wüste? Wie und wodurch kann der Mensch ohne jeden Anspruch an sie in seinen suchenden Fragen leben?

Das ständige Bezogensein auf Etwas kann abgelöst werden durch das Sein bei dem Begehrten. Dies Sein-bei ist die *quies*, die im tenere besteht. Hier erst im Haben ist die Isoliertheit wirklich aufgehoben und die beatitudo erreicht.[27] Die Aufhebung der Isoliertheit ist das inhaerere. Allerdings kommt der Terminus inhaerere nur als inhaerere Deo vor und drückt als solches die Möglichkeit aus, in der schon hier auf Erden die Gottverlassenheit aufgehoben werden kann. Diese aufzuhebende Isoliertheit ist das Getrenntsein von dem eigenen bonum. Die wahre beatitudo ist das erfüllte Sein bei dem Begehrten, die aufgehobene Abgeschnittenheit. Die cupiditas erstrebt das, was *foris*, extra me ist.[28] Sie will nicht sich selbst, sondern die Welt haben, im Halten der Welt selber Welt sein. In ihrem cupere gerade wird deutlich, daß sie das vorerst nicht ist. Indem das Leben die Welt erstrebt, erstrebt es sein eigenes bonum. Die ursprüngliche Isoliertheit des Lebens, auf der das Streben beruht, ist also die Abgeschnittenheit von dem, was es zur beatitudo bringen kann, und d. h., wie wir vorhin sahen, zu ihm selbst. Dadurch aber, daß die cupiditas nach dem extra me strebt, verfehlt sie das bonum gerade. Da das bonum außerhalb ihrer selbst ist, steht es nicht in ihrer potestas, wie das vivere selber nicht in ihrer potestas steht, d. h. die cupiditas ist angewiesen auf das Begehrte, das prinzipiell ihrer Macht entzogen ist. Das Leben, das die Dinge begehrt, über die es nicht Herr ist, die es invitus amittere potest, ist auf sie angewiesen, und d. h. seiner Eigenständigkeit beraubt. Daß das Leben, gesehen in der Abgeschnittenheit von dem, was es braucht, überhaupt begehrt, besagt, daß es von sich aus nicht eigenständig ist, nicht *sibi sufficit.* Isoliertheit bedeutet nicht Eigenständigkeit. Aus der Isoliertheit will das Leben vermöge des amor dauernd heraus in caritas und cupiditas, weil es diese Selbstgenügsamkeit nicht hat. Auf dem Wege zu dem, was es benötigt, um überhaupt sein zu können, stößt es auf das, was foris ist, auf die Welt. Im Begehren ist es auf die Welt angewiesen und wird Sklave der Welt. So finden wir in De lib. arb. durchgehend das Gegensatzpaar: cupiditas (bzw. libido) – liberum arbitrium.[29] Das liberum arbitrium ist hier verstanden aus dem Ideal der Selbstgenügsamkeit.[30] Damit ist die Bedeutung des foris aufgehoben. Die Zugehörigkeit zu dem extra me besagt gerade Versklavung. Die Versklavung findet ihren Ausdruck im metus. De lib. arb. I, 27: Illa quippe omnia quae in potestate nostra non sunt, amare iste ac plurimi aestimare non potest [...] Cum autem non amat haec, non dolet amissa et omnino contemnit. Der metus, der, wie wir sahen, in seiner radikalsten Form die mangelnde potestas über das Leben selbst ausdrückt, ist der existentielle Grund für das Ideal der Selbstgenügsamkeit. Diese Selbstgenügsamkeit äußert sich im contemnere, das aber keineswegs schon ein christliches zu sein braucht. Gott ist in diesem Zusammenhang als summum esse das schlechthin Eigenständige, dem nichts zu helfen braucht, d. h. der nicht angewiesen ist auf eine Welt, die foris, prinzipiell außerhalb seiner wäre. De lib. arb. I, 5: nec ulla adiutum (sc. Deum) esse natura in creando, quasi qui non sibi sufficeret. Dieser ontologischen Bestimmung Gottes würde die theologische der Allmächtigkeit (omnipotentia) entsprechen.[31, 32]

Wir sehen: Das amandum ist nach wie vor das metu carere, das gleichgesetzt ist dem sibi sufficere; eigentlich ist nur, was unbedürftig ist. Dem entspricht als Haltung die Furchtlosigkeit. Das Spezifische menschlichen Seins ist gerade die Furcht, die aus der Angewiesenheit entspringt. Die libido ist nicht dadurch schlecht, daß das foris schlecht ist, sondern als Angewiesenheit auf das, was prinzipiell nicht in ihrer Macht steht, ist sie schlecht, nämlich unfrei. Dies ist nicht etwa ein Widerspruch zu dem oben Gesagten, daß der appetitus vom Begehren her bestimmt ist, je nach dem Was seines appetere zu cupiditas oder caritas wird; sondern indem der appetitus das foris erstrebt, macht er einmal das foris erst zur Welt, d. h. schlecht – erst die Welt, die geliebt wird, ist schlecht – und wird selber zur cupiditas, weil er sich auf das foris richtet: das foris als foris versklavt ihn. Freiheit ist die Freiheit von der Furcht, die in der Eigenständigkeit beruht. Wir sehen später, daß die caritas gerade deshalb frei ist, weil sie furchtlos ist (timorem foras mittit).

Die Zugehörigkeit zur Welt, die in der cupiditas wirklich ist, muß aufgehoben werden, weil sie durch die Furcht bestimmt ist, und sie kann nur aufgehoben werden durch die caritas. In der cupiditas lebend wird der Mensch selbst zur Welt. Dieses Weltsein drückt A. durch den Terminus *dispersio* aus. Da die Begierde als Angewiesensein auf das extra me, das was ich gerade nicht bin, das eigene bonum prinzipiell verfehlt, so will sie heute dies und morgen jenes, das Vielerlei.[33]

Sie lebt in der sich und die Furcht zerstreuenden Verlorenheit des eigenen Selbst. Diese Zerstreuung ist die eigentliche Flucht vor dem Selbst. Die Flucht flieht das eigene Selbst, das sterben muß, und hängt sich an das, was scheinbar Bestand hat.[34] Diese Verlorenheit ist bezeichnet durch die *curiositas*, die Neugier, die concupiscentia oculorum, die wissen will, ohne daß es etwas nutzt.[35] In ihr drückt sich die Angewiesenheit auf die Welt sozusagen habituell aus, sie bezeichnet die eigentliche Unsicherheit und Eitelkeit des Menschlichen, das fern von sich selbst (a se) lebt, sich selbst flieht. Dieser Flucht vor sich selbst stellt Augustin das *se quaerere* entgegen: quaestio mihi factus sum,[36] das Sich-selbst-erfragen. In dieser Rückkehr zu sich selbst findet er Gott. Conf. X, 3: Quid est enim ate audire de se nisi cognoscere se? VI, 1: et quaerebam te foris a me, et non inveniebam Deum cordis mei. VII, 11: Intus enim erat, ego autem foris. VII, 16: Et inde admonitus redire ad memet ipsum intravi in interna mea duce te; et potui, quoniam factus es adiutor meus. Das Sichfinden geht zusammen mit dem Gottfinden. Nur mit Gottes Hilfe ferner kann ich mich finden. Das heißt aber, in dem Augenblick, da ich anfange, mich zu suchen, gehöre ich schon nicht mehr zur Welt – das ist aus dem Vorangegangenen einleuchtend –, sondern zu Gott, und dies ist aus Folgendem zu verstehen.

Conf. X, 8: cum amo Deum meum, lucem vocem odorem [...] interioris hominis mei (amo); ubi fulget animae meae quod non capit locus et ubi sonat quod non rapit tempus [...] et ubi haeret quod non divellit satietas. Hoc est quod amo cum Deum meum amo. In Ep. Ioan. tr. II, 14: Tenete potius dilectionem Dei, ut quomodo Deus est aeternus, sic vos maneatis in aeternum: quia talis est quisque qualis eius dilectio est. Gott wird geliebt als lux, vox, odor des interior homo. Er wird geliebt als das des interior homo, das keine Zeit raubt; die Liebe gibt die Zugehörigkeit, die Liebe zu Gott die Zugehörigkeit zur aeternitas. Der Mensch liebt Gott als das Ewige, das er selbst nicht ist, als das, was ihm zugehört und nie entrissen werden kann. Die Welt wird ihm entrissen im Tod. Das Ewige, das ihm bleibt, ist internum (Conf. IX, 10). Indem er Gott findet, findet er das, was ihm mangelt, das, was er gerade nicht ist: das Ewige. Das rechte bonum des amor ist das Ewige. Gott ist das *summum* bonum, nicht ein beliebiges Gut, sondern das Korrelat des appetitus, der sein bonum erstrebt. Dieses summum bonum gilt es zu haben und zu halten (De lib. arb. II, 26). In der Liebe zu ihm liebt der Mensch sich selbst recte. Erst im Halten und frui der aeternitas ist der Mensch, d. h. ist *incommutabilis.* Solange er nicht diese Ewigkeit hat, erstrebt er sie und damit sich selbst. Der rechte *amor sui* ist eigentlich ein appetere se. Nicht sich, den Gegenwärtigen, den moriturus liebt der Mensch, sondern das, was ihn zu einem Immerlebenden machen wird. Auf der Suche nach sich selbst findet sich der Mensch als einen, der sterben wird, einen mutabilis (De vera rel. 72). Auf das eigene Selbst ist kein Verlaß. Es hält sich nicht in der immer präsenten Gegenwärtigkeit für sich. Erst im Bezug zu Gott und der absoluten Zukünftigkeit gewinnt es Bestand.[37] Die Liebe zu sich, dem weltlich Vorkommenden wird so zu einem *odium sui,* und zwar ursprünglich nicht, weil darin Hochmut liegt (καυχᾶσθαι, Paulus), sondern weil dieser amor sui noch ständig in der Gefahr des Verlustes steht. In dem irdischen Leben, das als variabilis und mutabilis vom Tode her bestimmt ist, zu dem als dem Ende alles hinlebt, wird das bonum des Lebens nicht gefunden. Es wird hinausprojiziert in die absolute desiderierte Zukunft. Wir sahen schon oben, daß diese Zukunft strukturell nicht von jeder im Leben erwarteten Zukunft geschieden ist, sie wird als ein kommendes Ereignis desideriert und ist damit als Korrelat des appetitus ein von außen kommendes bonum geworden. Denn die caritas ist wie jeder amor in diesem Begriffszusammenhang ihrer Struktur nach appetitus, geschieden von der cupiditas nur durch das begehrte Was.[38] Damit ist die eigene vita, sofern sie eine beata vita ist, zu einem von außen erwarteten bonum geworden. Das eigene Leben, so wie es in dieser Gegenwart, hic et nunc vor sich geht, wird vernachlässigt. Es verliert seine Bedeutung und sein Gewicht gegenüber jenem wahren, in die absolute Zukunft hinausprojizierten Leben, auf das allein auch das irdische zulebt.

Gehabt wird das summum bonum in der Gegenwart durch das

Streben nach ihm. Über diesem Streben und Verlangen wird die Gegenwart vergessen, sozusagen übersprungen. Die Gegenwart ist nur noch das Desiderieren des Zukünftigen, das seinerseits erst wirklich Gegenwart sein wird, ein *ewiges Heute.*[39] Das Vergessen der *Gegenwart*, das gleichzusetzen ist mit der Umwandlung des gegenwärtigen Lebens in ein Erwarten des zukünftigen,[40] ist das Vergessen seiner selbst. Serm. CXLII, 3: Et amandus est Deus ita ut, si fieri potest, nos ipsos obliviscamur. Dieses *Vergessen* hat das menschliche Leben an sich, sofern es im appetere seinen Grundmodus zu sein hat, und es ist nicht ein Vergessen schlechthin, sondern ein *Vergessen an etwas*, an das jeweils Erstrebte. Das Sich-an-die-Welt-Vergessen[41] ist die Zerstreuung, aus der gesammelt ich mich erst wieder auf die Suche nach mir selbst und der eigenen Fragwürdigkeit begeben kann. Das Vergessen ist als solches aber ein existentielles Ziel. Sich-finden ist gleich Gott-finden. In dem Desiderieren der Ewigkeit, das das amare ist, vergesse ich mich selbst. Das Begehren, das seinen Ursprung in der Rückbezogenheit auf sich selbst durch die Verkoppelung mit dem beatum esse velle hat, schlägt um und vergißt sich an das Begehrte. Der Begehrende ist nur noch im Begehren. Der in der caritas Liebende ist nur noch in der zukünftigen Ewigkeit. In diesem Vergessen hört er auf, er selbst zu sein, ein Einzelner. Seinen Seinsmodus der Sterblichkeit verliert er, ohne Gott oder ewig zu sein. Er ist im Seinsmodus des Von-Zu, wobei das Von über dem Zu vergessen ist. In diesem Vergessen des Von-wo-aus ist die *Vergangenheit* auch vergessen. In der Ausspannung (extentus) auf das, was ante, vor ihm ist und zugleich noch nicht (nondum) ist, vergißt und verachtet er mit der Vielheit der Welt auch seine eigene weltliche Vergangenheit. Das Futurum der Zeitlichkeit wird aus einem Zukünftigen notwendig ein Gegenwärtiges und dann Vergangenes. Aber diese *absolute Zukunft* ist das schlechthinnige Bevorstehen, das durch keinerlei menschliche Verhaltungen in die menschliche Sterblichkeit hereingezogen werden kann. Als dieses Bevorstehende kann die Zukunft nur erhofft oder gefürchtet werden.[42] Auf sie ist der Mensch ausgespannt, die Absolutheit ihrer Zukünftigkeit kann nicht zerstreuen (non distentus sed extentus).[43] Dieses *extentus-sein*, das wahre inhaerere Deo, wird erreicht in der *Selbstvergessenheit*, im Sich-Überspringen: *transcendere*. Dieses Überspringen springt aus der Gegenwart über in die absolute Zukunft. Ioan. Ev. tr. XX, 11: Nemo eum (Deum sc.) attingit nisi qui transierit se. Die Abfragung des eigenen Seins auf seinen Bestand führt dazu, das eigene Sein nur im Abnehmen, im Verschlungenwerden von der Zeit zu sehen.[44] Ioan. Ev. Tr. XXXVIII, 16: Nach einer längeren Erörterung über das non esse der Zeit: ut ergo et tu sis, transcende tempus. Das Überspringen ist also gerade das Überspringen der Zeitlichkeit. Wenn wir die Zeit vergessen, vergessen wir unsere Sterblichkeit, wir vergessen uns selbst über der Ewigkeit. Der transitus ist gerade das Vergessen. Er springt über von sich auf das außer ihm. Dieser transitus ist strukturell immer notwendig, wenn die Liebe als Begehr gefaßt wird. Serm. CXLII, 3: Quis ergo est iste transitus? Oblita est anima se ipsam, sed amando mundum: obliviscatur se, sed amando artificem mundi. Das Überspringen springt so von dem Vergehenden, das ständig in der Gefahr des amitti steht, hin zu dem schlechthin Unverlierbaren.[45] Übersprungen wird das Menschliche als solches.

Der Umschlag des amor sui in die schlechthinnige *Selbstverleugnung* im inhaerere Deo, das der transitus des Selbst als Vergessen des Selbst ist, ist zu verstehen nur aus der Bestimmung des amor als appetitus, dieser spezifischen Stellung des Menschen zu seinem eigenen bonum, das als Korrelat des appetitus prinzipiell außerhalb des menschlichen Lebens gesucht wird. Auch in der caritas lebend, ausgespannt auf die desiderierte Zukunft, bleibt der Mensch isoliert von dem, was ihm sein eigentliches Sein gibt, bleibt bedürftig. Die caritas vermittelt zwischen Mensch und Gott (wie die cupiditas zwischen Mensch und Welt). Aber sie vermittelt erst, sie ist nicht Ausdruck einer ursprünglich vorgegebenen

Zugehörigkeit. Jedes Begehren aber bestimmt sich nach dem Begehrten und ist ihm verfallen. Dieses Verfallen an das Desiderierte besagt, daß der Weg zu sich selbst, dessen Ausgang unter dem Zeichen der griechischen Autarkie stand, umschlägt in diese »pseudochristliche« Selbstverleugnung. (Der Grund für diesen Terminus kann erst im zweiten Teil, vgl. S. 57, deutlich werden.) Das Suchen nach dem bonum ist ein Suchen nach dem Leben, das keinen Tod kennt, nach der vollen Wirklichkeit des eigenen Lebens, das durch kein amittere bestimmt ist.[46] Dieses Leben ohne Tod ist Gott, geliebt und gesucht wird Gott qua aeternitas. Diese Ewigkeit ist das absolut Zukünftige; begehrt der Mensch die volle Wirklichkeit des eigenen Lebens, so sucht und begehrt er sich als Zukünftigen und liebt nicht das Ich-Selbst, das er in der irdischen Wirklichkeit vorfindet. Selbsthaß und Selbstverleugnung haßt und verleugnet das gegenwärtige, vorgegebene, sterbliche Ich. Kriterium des recte und male amare ist nicht die absolute Selbstverleugnung, sondern Selbstverleugnung um des Ewigen willen, das uns erwartet. Ioan. Ev. LI, 10: noli amare in hac vita ne perdas in aeterna vita [...] Si male amaveris, tunc odisti: si bene oderis, tunc amasti. Gottliebe und Selbstliebe gehen zusammen, widerstreiten sich nicht etwa. In der Gottesliebe liebt der Mensch sich, den Zukünftigen, in seiner ersehnten Zugehörigkeit zu Gott, d. h. sich als den, der ewig sein wird.[47] Pseudo-christlich ist diese Selbstverleugnung, weil sie nicht aus dem Bewußtsein der eigenen Kreatürlichkeit und der Insuffizienz alles Menschlichen schlechthin entspringt, an das einmal der Ruf Gottes zum Glaubensgehorsam ergangen ist, und das fortan jede Eigenständigkeit als καυχᾶσθαι (Paulus) empfindet, sondern weil sie nur die letzte, sich selbst überspringende Konsequenz eines begehrenden Liebens und Suchens des eigenen bonum ist. Und nur weil der Mensch nicht se ipso bono beatus est (Civ. Dei XII, 1, 2), d. h. das sibi sufficere nicht hat, muß er sich suchen und im Suchen sich selbst über das bonum vergessen; und er kann sich verlieren, wenn er sich an die bona der Welt vergißt. Der appetitus also ist die Grundstruktur des Seienden, das sich selbst nicht hat, das in der Gefahr steht, sich selbst zu verlieren.[48] In der Gottverlassenheit wird der Mensch an das extra se getrieben und verliert sich an es.[49]

Der amor erhofft mit der Ewigkeit zugleich seine eigene Erfüllung. Diese Erfüllung ist das videre, ein spezifischer, und für A. ausgezeichneter Modus des Habens. Dieses Sehen wird zum frui, zum Genießen. In der absoluten Ruhe und Festigkeit des ewigen Lebens ist der Bezug zu Gott das ruhige Genießen. In diesem Genießen ist Gott für die Menschen erst eigentlich da. Bei Paulus ist die Liebe die einzige Verhaltung, die außerhalb der Alternative von Glauben und Sehen steht und daher einmal schon auf Erden das »Band der Vollkommenheit« – sie allein hebt die Gottverlassenheit des Menschen wirklich auf, d. h. sie ist kein appetitus, sondern Ausdruck für die Zugehörigkeit zu Gott –, und sie »höret nimmer auf«, weil in ihr und nur in ihr die Kreatürlichkeit des Menschen, sein Weltsein wirklich überwunden ist. Er erstrebt und verfällt nicht dem, was er liebt, sondern er verwandelt sich in es. Selbstverleugnung ist also dort nicht Selbstvergessen, sondern ist gerade im Sündenbewußtsein, in dem Bewußtsein der eigenen Vergangenheit, aus der man erlöst ist, wirklich und wirksam. A. aber sagt entweder, daß die caritas einst größer sein wird, wenn sie sehen wird,[50] d. h. sie wird zum frui werden, oder aber er sagt auch direkt, daß sie aufhören wird, wenn der Mensch hat und hält, sieht und genießt, was er hier liebt und begehrt.[51] Die ausschlaggebende Bedeutung, die die ἀγάπη für Paulus als Möglichkeit der Vollkommenheit schon ἐν κόσμῳ τούτῳ hatte, hat sie für A. gerade nicht. – Im frui, im ruhigen Sein-bei, hört die Liebe auf, findet sie Erfüllung. Jeder amor ist ein Streben nach dieser Erfüllung. Die Erfüllung ist die beatitudo, die nicht im amare besteht, sondern im frui dessen, was geliebt, erstrebt wird. De civ. Dei VIII, VIII: nemo tamen beatus est, qui eo quod amat non fruitur. Nam et ipsi qui res non amandas amant, non se beatos amando putant sed fruendo. Das Genießen selber ist das sichere und ungestörte Sein bei der ersehnten Sache. Das Streben ist in dem Seinbei zu seinem Ziel gekommen, es strebt nicht mehr weiter, sondern verweilt. Eine Sache ist dann um ihrer selbst willen erstrebt, wenn an ihr das Streben zur Ruhe kommt. De doctr. christ. I, 4: Frui enim est amore alicui rei inhaerere propter se ipsam. Das Ziel des amor ist das bonum, bei dem der amor als solcher gerade aufhört zu sein. Der amor ist nur um des frui bono willen, nur um des Zieles willen, an dem er aufhört. Sein Ende ist entweder das Verfallensein an die Welt – das nie ein wirkliches Ende ist, weil der Tod auch diese Welt verlieren läßt, also aus dem ruhigen Verfallensein zurückruft – oder das Sein in der aeternitas, das fern von allem Tun ein ruhiges Genießen ist.

Das menschliche Leben, dessen beatitudo im transire und oblivisci herausgeworfen ist in die absolute Zukunft, ist eingespannt in dieses *Um-Willen.* Von dem letzten Ziel des amor her, um dessentwillen er nur ist, sind alle irdischen Güter verstanden. Der amor strebt nur zu diesem letzten Ziel und erstrebt alles andere, d. h. Irdische nur um dieses Zieles willen. Das Um-Willen drückt die Beziehung aus, in der alles zu Liebende steht, und nur dem summum bonum fehlt diese Beziehung zu den anderen bona, weil es im Aufhörenlassen des amor alle Bezüge abbricht. Diese absolute *Isolierung* des höchsten Gutes wird ausgedrückt durch das propter se ipsum, das eigentlich zugleich eine Negierung des propter enthält, das immer weiter weist. Das frui ist nur in dieser negativen Bestimmung zu erklären, weil es außerhalb aller menschlichirdischen Kategorien steht. Es ist nicht für andere, es ist nur für sich selbst. Jeder amor ist eingespannt in dieses Um-Willen, d. h. er liebt das summum bonum propter se ipsum und die bona, sofern sie zu dem summum bonum bringen können. Der Weg zur beatitudo, der der amor ist, geht zum frui über das *uti.* Das Was des uti bestimmt sich nach dem fruendum, nach dem rechten Was des Genießens. De doctr. christ. I, 3: Illae (sc. res) quibus fruendum est, beatos nos faciunt. Istis quibus utendum est tendentes ad beatitudinem adiuvamur.[52] Die caritas, verhaftet dem summum bonum, hat einen Bezug zur Welt nur, sofern die Welt brauchbar ist für ihr letztes Ziel. Im uti der Welt ist die Welt auf Gott bezogen.[53] Als gebrauchte verliert sie für den Menschen ihre Eigenständigkeit und damit auch die Gefahr, in der cupiditas an sie zu verfallen. Die richtige Beziehung zur Welt ist das uti: utendum est hoc mundo non fruendum (De doctr. christ. I, 4).

Die caritas, eingespannt in das Um-Willen, äußert sich in dem richtigen uti und frui. De mor. eccl. I, 15: Caritas vero ipsa non potuit significari expressius quam quo dictum est »propter te«. Sie ist das rechte Ergreifen dieses *propter*. In dem propter ist die Zugehörigkeit des Menschen zur Welt aufgehoben – die Welt ist nunmehr nur die gebrauchte, und die Welt ist zugleich wieder für ihn da, eben als zu brauchende. Das durch die caritas bestimmte Leben hat ein Ziel, das prinzipiell außerhalb der Welt und somit auch außerhalb der caritas selber liegt. Die caritas ist nur der Weg zu dem letzten Ziel, der Ausdruck für die Eingespanntheit in das Um-Willen. In dieser zielhaften Ausgerichtetheit hat sie in einem provisorischen Sinn die aeternitas, und die Welt als gebrauchte verliert den Charakter des Furchtbaren und erhält zugleich in dieser Relativierung ihren Sinn wieder. Jede Liebe als Begehr ist bestimmt durch ein Ziel, d. h. sie steht stets in der Alternative des uti und frui.[54] Die caritas selber desideriert das frui nur,[55] sie ist es nicht; das Genießen, das ruhige Sein bei dem Ersehnten, die wahre perfectio liegt in der Zukunft.[56] Das Ersehnte der caritas ist ewig und vermittelt somit die absolute *Furchtlosigkeit*. Da die aeternitas ein zukünftiges bonum ist, um dessentwillen allein das irdische Leben und sein Streben einen Sinn hat, ist der Tod selber relativiert. Der Tod ist gestorben,[57] d. h. er hat die Bedeutung für den Lebenden verloren. Mit der Furchtlosigkeit ist die Freiheit gewonnen, die ein *Freisein von* der Furcht des Verlustes ist.[58] Weil das eigene Leben, sofern es ein wahres Leben ist, als zu erstrebendes bonum in die Zukunft hinausprojiziert ist, hat es die potestas über sich selbst wiedererlangt, nämlich über sich selbst als *Zukünftiges*. Seine potestas auf Erden besteht im Erstrebenkönnen. Wir sahen vorher, daß diese Projektion in die absolute Zukunft nur möglich ist, weil das eigene Leben als Korrelat des appetitus angesetzt ist. Die Problematik der mangelnden Verfügbarkeit des Lebens über sich selbst, die vom Todeserlebnis her in Sicht kam, ist also hier in dem caritas-Begriff wieder »gelöst«. Die caritas kennt keine Furcht mehr, weil sie keinen Verlust mehr kennt und weil der Tod in diesem Zusammenhang wieder nur als das äußerste κακόν eines Lebens erscheinen kann, das durch cupiditas bestimmt ist. Für das durch caritas bestimmte Leben handelt es sich nicht nur darum, sich mit dem Tod abzufinden, sondern mit dem Leben.[59] Mit dem Leben und der Welt findet die caritas sich im uti durch die Freiheit ab. Diese Freiheit ist bestimmt als Freisein von Furcht. Dieses Freisein tritt ein erst in der zukünftigen aeternitas.[60] Die negative Bestimmung der libertas als Freisein-von entspricht dem oben besprochenen Ideal des sibi sufficere. Das menschliche Leben auf Erden ist auch in der caritas als Streben nicht unabhängig, es steht in der Furcht, das erstrebte summum bonum zu verlieren. Jedes menschliche Leben ist hier auf Erden zugleich von amor und timor bestimmt.[61] Als liberati werden wir die servi caritatis. Der timor, der aus der caritas entspringt, hat als timor castus die Aufgabe, vor der cupiditas zu schützen. Auch die cupiditas kennt den timor vor Gott, aber als Furcht vor Strafe, so wie sie den Glauben an Gott kennt, aber nicht als Hoffnung und Liebe. Diese Furcht, die nicht aus der Liebe stammt, ist uneigentlich. Der *timor castus* fürchtet den Verlust des Erstrebten, er gehört der caritas legitim zu.[62] Die Freiheit der caritas ist also wieder eine zukünftige Freiheit, und ihr Freisein auf Erden besteht wieder nur in der Zugehörigkeit zum Ersehnten, das die Liebe vermittelt; ihre Erfüllung ist die Furchtlosigkeit, während der Erfüllung der cupiditas gerade die ständige Furcht beigesellt ist,[63] die sie von einem zum anderen in die Zerstreuung treibt und zu unwiderruflicher Versklavung führt.

3. Ordinata dilectio.

Aus dieser ersehnten Freiheit, die in der caritas wirklich ist, wird die Welt verstanden. Die Beziehung zur Welt ist das uti, das freie, von ihr unabhängige sie gebrauchen. In die Struktur des Um-Willen eingespannt, besteht ihre Bedeutung nur noch in der im Gebrauchen gewonnenen Zielhaftigkeit. Die Welt, in ihrer Zielhaftigkeit von dem Strebenden aus gesehen, erhält in dieser Sicht eine spezifische *Ordnung*, die nur der Ausdruck für den Bezug ist, den der Mensch zu ihr hat, und für den Gebrauch, den er von ihr macht. Der Bezug zu einem Ding (res), d.h. zu jedem Seienden ist bestimmt als amor qua appetitus. Der amor zur Welt, geleitet von dem letzten Telos ist sekundärer Natur. Im Erstreben des summum bonum ist die Welt, und zwar die Welt, zu der der amans gehört, in ihrer Eigenständigkeit vergessen. Im Zurückkehren aus der absoluten Zukunft, an die sich die caritas verloren hat, in die Welt als existente Gegenwart hat sie ihre primäre Bedeutung eingebüßt, und die Liebe zu ihr liebt sie nicht mehr um ihrer selbst willen. Mit der absoluten Zukunft aber ist zugleich ein Beziehungspunkt gewonnen, der prinzipiell außerhalb der Welt selbst liegt und von dem aus sie und die Bezüge zu ihr geordnet werden können. Für diese Ordnung ist das *summum bonum* der einheitliche Leitfaden, das Geordnete ist die Welt des Vorhandenen. Wir sehen, daß in der Suche nach dem eigenen Selbst, die gefaßt ist als Erstreben der wirklichen vita, das Dasein des Menschen selbst zu einem objektiv Vorhandenen wird, zum Korrelat des appetere (De doctr. christ. I, 20). Gerade durch Projektion in eine Zukunft, in der es unzeitlichen Bestand erhält, wird diese »Versachlichung« des Daseins besiegelt. Dem, der aus der absoluten Zukunft die

Welt ordnend zurückkommt, wird auch das hier seiende Dasein zu einer res, zu einer in den Bestand des Vorhandenen einordenbaren Sache. Wir müssen also folgende Doppeltheit des amor sui beachten: das se amare, aus dem das *se quaerere* entspringt, ist prinzipiell verschieden von dem amor sui, der aus der geordneten *caritas* folgt. Der amor sui ist jetzt nach dem Vergessen an die Ewigkeit ein sekundärer. Über die Stellung des Menschen zu sich selbst wird nicht im amare bzw. odi erst entschieden, sondern der amor und das odium folgen aus der Betrachtung der Welt, deren Ausgangspunkt das summum bonum ist, folgen aus dem betrachtenden Ordnen. Für diesen folgenden amor sui ist das eigene Ich wie alles andere nur eine zu benutzende res für das in der absoluten Zukunft erstrebte wahre Leben. Die Relativierung der Welt ergreift so den Einzelnen mit, sofern er sich als Welt, außerhalb seiner selbst, von dem Erstrebten her »betrachtet«. In der dieser Ordnung entstammenden dilectio wird die pseudo-christliche Selbstverleugnung wirklich und wirksam, sie bestimmt das menschliche Leben, das in der caritas dem summum bonum verhaftet ist. In der Ordnung aus der absoluten Zukunft begegnet das Geordnete nur noch als pur Vorhandenes; die Objektivität des Ordnenden, dessen Objektivität der Welt und sich selbst gegenüber garantiert ist durch den amor und sein erstrebtes bonum, läßt sich von der Welt und sich selbst nicht mehr angehen. In dieser Objektivität wird das zu Liebende bestimmt. Die Liebe selbst ist erst eine Folge dieser Bestimmung. Mit der Bestimmung des zu Liebenden geht Hand in Hand der *Grad der dilectio*, der sich nach der Ordnung richtet, die einem jeden seinen Platz anweist. Ein jeder wird so, weder mehr noch weniger, geliebt als es ihm zukommt.[64] Die dilectio sui *et proximi* ist also keine erstrebende mehr (der amor erstrebt eine Sache um ihrer selbst willen, ist also abhängig von ihr), sondern die Liebe ist hier nur die vom amor vorgezeichnete *objektive Verhaltung* des in der Welt zwar noch vorhandenen, aber in der absoluten Zukunft lebenden Menschen.[65, 66]

Die dilectio ist also nicht primär vom Was her bestimmt, sie ist kein appetitus, sondern entspringt aus der geordneten Welt, in der der *Ordnende als Geordneter* mit einbegriffen ist. Die Ordnung bestimmt das supra nos als das höchste und so zumeist zu Liebende, das nos und iuxta nos (proximus) auf gleicher Stufe stehend und das infra nos, den corpus als das letzte und niedrigste der ordinata dilectio.[67] Der Leitfaden der Ordnung ist das summum bonum, das um seiner selbst willen erstrebt wird. Das eigene Selbst der Nächste, der eigene Körper, stehen im Bezug des Um-Willen.[68] Die ordinata dilectio ordnet von der eigenen absoluten Zukünftigkeit her nicht beliebig die ganze Welt, sondern in der Relation auf das eigene Ich-Selbst. Diese Relation ist erfahren in der societas mit denen, die auch nur in bezug auf Gott und das summum bonum die beatitudo erreichen können (*proximi*), und sie ist erfahren in dem, was zum eigenen irdischen Sein gehört, im corpus.[69] Diese Beziehung zu Gott, zum Nächsten und zum Ich-Selbst ist von der Beziehung, die der amor qua appetitus schafft, völlig verschieden und entstammt ganz anderen Zusammenhängen, die wir im folgenden erörtern werden. Für uns kommt diese Relation hier nur in Betracht, sofern sie vom summum bonum aus von außen her betrachtet und geordnet ist. Daß gerade an dieser Stelle die konsequente Herausstellung eines einheitlichen Begriffszusammenhanges, in dem Liebe stets, ob ausdrücklich oder nicht, als appetitus definiert ist, auf so erhebliche Schwierigkeiten stößt und von ganz anderen Zusammenhängen nicht länger isoliert werden kann, ist kein Zufall. Das Begehren seiner selbst, das dem griechischen Autarkieideal entstammt, isoliert den Einzelnen absolut, indem es die Unangewiesenheit, die völlige Freiheit von allem anderen außerhalb des eigenen Selbst erstrebt. Eine ursprüngliche Beziehung zum Nächsten und zur Welt ist damit gerade ausgeschaltet. Die Unursprünglichkeit dieser Beziehung drückt sich aus in der Objektivität der ordinata dilectio. Andererseits ist es genau so wenig zufällig, daß A. auch in diesem

Zusammenhang die Nächstenliebe, die die dem Christentum eigentümliche Möglichkeit der Beziehung zur Welt auch in der Gottverbundenheit ist, versucht einzugliedern, und dieser Versuch ist nicht etwa allein von der Tatsache der christlich-biblischen Überlieferung abhängig. Vielmehr läßt die Projektion der beatitudo in die absolute Zukunft, die Unmöglichkeit der perfectio in der Gegenwart das Problem des In-der-Welt-Seins noch einmal auftauchen. Das frui, die schlechthinnige Selbstgenügsamkeit, die die absolute Zukunft vermitteln soll, ist griechischen Ursprungs; aber das Daß der absoluten Zukunft, die Bestimmtheit des weltlichen Lebens von der Zukunft her ist spezifisch ungriechisch. Ist die Zukunft im Desiderieren in die Gegenwart gezogen, da sie als begegnendes bonum erwartet wird, so ist sie durch den Tod doch absolut geschieden von der existenten Gegenwärtigkeit der Welt, und es bleibt dem Menschen nur das Sich-Ausspannen auf sie (extentum esse) und das Sich-Abfinden mit der Welt, das in der dilectio geleistet werden soll. Der Versuch, die Nächstenliebe aus dieser absoluten Zukunft herzuleiten, muß scheitern an der Nutzlosigkeit der dilectio proximi für den amor appetens, der die ganze Welt in ein Um-Willen einspannen möchte, und an der daraus entspringenden Objektivität der ordinata dilectio.

Der *Nächste* hat seinen Platz im Geordneten neben dem Ichselbst. Er steht mit ihm auf gleicher Stufe. Daraus ergibt sich, daß ich ihn lieben muß wie mich selbst. Seinen Platz in der Ordnung als Nächster erhält er durch die Tatsache, daß auch er Deo frui kann.[70] Der Nächste ist Nächster nur, insofern er sich in dieselbe Relation zu Gott stellt wie ich mich selbst. Er ist nicht mehr erfahren in den konkret weltlichen Begegnungen – etwa als Freund oder als Feind –, sondern er ist im vorhinein als Mensch schon in eine Ordnung hineingestellt, die über die Liebe entscheidet. Jede Liebe, eingespannt in das Um-Willen kann nur frui (bzw. zum frui streben) oder uti. Die Liebe zum Nächsten und sich selbst ist bestimmt durch das uti.[71] Das uti besagt aber nicht etwa, daß die Person zum Mittel wird, sondern ist nur der Index für die *Relativierung*, die die Ordnung schafft, die also schon *vor* der Liebe besteht. Nicht in der Liebe wird über das Sein des anderen entschieden, sondern vor ihr. Aus der absoluten Zukunft kommend hat der Mensch sich außerhalb der Welt gestellt und sie geordnet. In der Welt lebend hat er die ordinata dilectio, d. h. er liebt sie, als wäre er nicht in der Welt, sondern wäre der Ordnende. Er hat das Unverlierbare und steht außerhalb aller Gefahr, das gibt ihm seine Objektivität.[72] Diese Objektivität wendet sich gegen ihn selbst wie gegen die anderen; mit demselben Recht, mit dem er sich gerichtet hat, richtet er den Nächsten. De doctr. christ. I, 28: Omnis peccator in quantum peccator est, non est diligendus.[73] Diese Objektivität hat derjenige, der sich von der Welt, d. h. aber immer zugleich von der Welt und sich selbst, nicht mehr angehen läßt. Das Vergessen seiner selbst wird hier in einem eminenten Maße wirklich. Die pseudochristliche Selbstverleugnung ist am Ziel.

Wir sind bei der Betrachtung der dilectio proximi auf eine Liebe gestoßen, die nicht mehr appetitus ist. A. spannt auch sie in diesen Zusammenhang ein, indem er sie als sekundär erklärt und sagt, jede Liebe stünde vor der Alternative des uti oder frui. Trotz dieser Bestimmung ist in diesem Zusammenhang der Sinn dieser dilectio unverständlich, unverständlich, aus welchen Ursprüngen sie da sein kann. In jeder Erörterung der dilectio proximi spielt ein fundamental andersgearteter Liebesbegriff herein, dem wir im folgenden nachgehen wollen.

Zusatz 1 zum ersten Teil (S. 32).

Die Identität der Ewigkeit drückt Augustin in Conf. XI, 13 durch den gnostischen Terminus von der *stans aeternitas* aus, der hier aber seines spezifisch mystischen Sinnes entkleidet ist (vgl. für

Augustins Gebrauch mystischer Termini, in dem diese ihres ursprünglichen Sinnes entkleidet werden, Karl Holl: Augustins innere Entwicklung, S. 24, Preuß. Akad. d. Wiss. – Max Zepf: Augustins Confessiones, S. 28, Heidelb. Abh. z. Philos. 9). Conf. XI, 13: Quis tenebit illud (sc. cor), [...] ut paululum stet, et paululum rapiat splendorem semper stantis aeternitatis, et comparet cum temporibus numquam stantibus, et videat esse incomparabilem (vgl. Plotin: Enn. III, 7, 3: Ὃ οὖν μήτε ἦν, μήτε ἔσται, ἀλλ ἔστι μόνον, τοῦτο ἑστὼς ἔχον τὸ εἶναι [...] ἐστὶν ὁ αἰών.).

Die Zeit, die niemals still steht, wird gemessen an den Dingen, an denen sie vorbeieilt, und sie ist nur, insofern sie gemessen werden kann (Conf. XI, 18. 21). Gemessen aber kann nur die Gegenwart werden, daher ist nur, was *praesens* ist, und die Ewigkeit ist das ewige Heute (XI, 16). Aber gemessen soll sie wieder nur werden als das jeder Befragung ständig Entfliehende. In der ewigen Gegenwart ist die ganze Zeit *simul* (XI, 16: Anni tui omnes simul stant, quoniam stant). Es wird gefragt, an welchem spatium wir die Zeit messen können, und es wird nach dem Orte gefragt, an dem sie sozusagen aufbewahrt ist. Dieser ist die memoria. Die *memoria* ist das praesens des Nicht-mehr (iam non) wie die *exspectatio* das praesens des Noch-nicht (nondum) ist (Conf. XI, 26. 37. 35: Non ergo ipsas quae iam non sunt, sed aliquid in memoria mea metior quod infixum manet). Nur in diesem Zum-Praesens-bringen ist Zeit (vgl. Plotin: Enn. III, 7, 9: Ἔστι γὰρ ὅλως τὸ πρότερον καὶ ὕστερον τὸ μὲν χρόνος ὁ εἰς τὸ νῦν λήγων, τὸ δὲ ὕστερον ὃς ἀπὸ τοῦ νῦν ἄρχεται.) Das Leben aber lebt ständig ex illo quod nondum est per illud quod spatio caret in illud quod iam non est (XI, 27).

Zusatz 2 zum ersten Teil (S. 36).

Es ist wichtig, sich klarzumachen, daß dieser ganze Zusammenhang von libido, foris, sibi sufficere durchaus aus der Tradition stammt, und zwar von Plotin. Die ὄρεξις führt zu dem ἔξω, hat daher nicht das αὐτεξύσιον (Enn. VI, 8, 4[74]). Jede πρᾶξις handelt in das ἔξω hinein und kann daher nicht das ἐφ' ἡμῖν haben (VI, 8, 2). Sie ist nie καθαρὸν, sondern μικτὸν und οἷον σύνθετόν τι (sc. ἐκ διαφορᾶς καὶ οὐσίας, VI, 8, 12). Schon Aristoteles, der von demselben Freiheitsbegriff – μὴ βίᾳ (Nik. Eth. 1110a1) – ausgeht,[75] kennt diese Fragwürdigkeit der πρᾶξις, und er bringt *1110a2* schon den Terminus μικταὶ πρᾶξεις, ohne sich allerdings schroff zu entscheiden. Die Bedürftigkeit, das ἐνδεὲς εἶναι, läßt den Menschen angewiesen sein auf das ἔξω,[76] das auch hier mit der Welt identifiziert ist. Das ἐφ' ἡμῖν ist erst da, wo die ὄρεξις zur Ruhe gekommen ist (Enn. VI, 8, 2[77]), und es *steht* im νοῦς; das heißt, entfernt von jedem πράττειν ist die Freiheit das ruhige Selbstsein. Der νοῦς hat seine ἀρχὴ, das, von wo aus er zu seinem Sein kommt, nicht in einem ἔξωθεν wie die ὄρεξις, sondern ἐν τῷ ἀγαθῷ, das zu ihm gehört. So führt das ἐφ' ἡμῖν nicht εἰς τὴν ἔξω, ἀλλ' εἰς τὴν ἐντὸς ἐνέργειαν καὶ νόησιν καὶ θεωρίαν αὐτῆς τῆς ἀρετῆς (VI, 8, 6). Nur die absolute Unbedürftigkeit, in der auch das völlig Isolierte (μονούμενα VI, 8, 15) sein εἶναι hat, macht das αὔταρκες[78] aus. – Augustin hat also den Ansatzpunkt für die Erörterung über die Freiheit, wie sie uns in De lib. arb. vorliegt, sichtlich der griechischen Tradition entnommen: die ursprüngliche ideale Isoliertheit des Menschen von seiner Welt, zu der erst durch die ὄρεξις bzw. die Libido eine Brücke geschlagen ist, in der er das ihm eigene ἀγαθὸν nicht findet, abhängig von ihr ist, weil sie ja ἔξω ist, und er nicht gesehen ist in einem ursprünglichen, jedem Freiheitsproblem schon vorgegebenen Zusammenhang mit ihr. Nur darf man darüber nicht vergessen, daß der existentiell leitende Grund Augustins für diese Erörterung die Furcht ist, während bei Plotin davon zwar die Rede ist, sie aber nicht den eigentlichen Antrieb darstellt.

Zweiter Teil.
Creator - creatura.

1. Creator verstanden als Ursprung der creatura.

Den aus dem appetitus entspringenden amor sui bezeichneten wir als sekundär für das aus der Ewigkeit zurückkehrende betrachtende Ordnen. Dem appetitus und seiner Struktur gemäß wurde der amor sui und mit ihm die dilectio proximi übersprungen, d. h. ihrer eigenen ursprünglichen Bezogenheit wurde weiter nicht nachgegangen, sondern sie wurde nachträglich von dem erreichten summum bonum aus eingeordnet. Die ursprüngliche Bezogenheit des amor sui, der unausdrücklich die Orientierung für die zu ordnende Welt abgibt, kann in der ordinata dilectio nur fortbestehen, wenn sie keinen begehrenden Bezug hat. Dies glaubten wir in der Aufweisung der spezifischen Sinnwidrigkeit der Selbst- und Nächstenliebe innerhalb des appetitus-Zusammenhanges zeigen zu können. Auch der appetitus rechnet mit einem amare, das eine nicht begehrende Bezogenheit ausdrückt, selbst wenn er es in der ordinata dilectio nur als einen zu ordnenden Bestand einbezieht. Um diesen amor in dem ihm zugehörenden Zusammenhang verstehen zu können, gehen wir noch einmal auf den ursprünglichen Ansatz amor qua appetitus zurück.

Die Rückverkoppelung des appetitus (vgl. S. 27) durch das beatum esse velle hat der appetitus seinem eigenen Strukturgesetz gemäß aufgehoben, indem er die beata vita nach vorne warf und sie als ein bonum von außen her erwartete. Diese Aufhebung war notwendig, da jedes Begehren in die Zukunft gerichtet ist und durch das Sich-Vergessen-an (vgl. S. 39) strukturiert ist. Mit dieser Aufhebung ist zugleich jeder nicht begehrende Bezug des Menschen abgeschnitten, und die Erfahrungsmöglichkeiten des Menschen sind beschränkt auf das zu erwartende, aus der Zukunft her begegnende bonum oder malum. Damit aber die beata vita des appetitus überhaupt aus der Zukunft her erwartet werden kann, muß sie *vor* jedem begehrenden Bezug, der als solcher sich ja schon immer auf die Zukunft richtet, schon erfahren sein. Dieses Schon-erfahren-sein der beata vita drückt sich in dem Rückweisungscharakter, den auch der amor qua appetitus hat, aus. Diese Rückweisung weist zurück auf die *Vergangenheit*, aus der her erst die beata vita in den Blick des Begehrens tritt, d. h. aus der her das Begehren sie erst in die Zukunft werfen konnte. Wir sehen also, daß sich in der Rückverkoppelung des appetitus selber schon eine doppelte Bezogenheit des Menschen zu seiner eigensten Seinsmöglichkeit aussprach: der begehrenden Bezogenheit, die wir bislang allein verfolgten, tritt die *erinnernde* entgegen, und zwar so, daß die erinnernde erst die begehrende möglich macht, wenn sie auch im Begehren selber wieder vergessen ist. Die beata vita ist also garantiert durch die *memoria*, und zwar eine memoria, die über die innerweltliche Vergangenheit hinausweist, da sie eine beata vita erinnert, die in diesem Leben, das eine einzige miseria ist, nicht hatte erfahren werden können. Die Möglichkeit dieses Erinnerns wird nachgewiesen durch eine Parallelisierung mit der Erinnerung an erlebte eigene Zuständlichkeiten. Daß die Zuständlichkeit sich verändert, besagt nichts gegen die Möglichkeit, sie sich als *erfahrene* wieder ins Gedächtnis zu rufen.[1] (Conf. X, 30: Nam gaudium meum etiam tristis memini sicut vitam beatam miser.) Mit dieser Parallelisierung aber ist über den Modus der außerweltlichen Erinnerung schon etwas ganz Bestimmtes ausgesagt: erinnert wird die beata vita nicht als pur Vergangenes, das als solches für das faktische Leben unverbindlich ist, sondern die beata vita ist als die noch erinnerte Vergangenheit eine Möglichkeit der Zukunft (wie auch die Freude in der Traurigkeit als wieder realisierbare oder eintreffende Möglichkeit des jetzt traurigen Lebens verstanden und aus der Erfahrung erinnert wird). Nur sofern sie in diesem spezifischen *Möglichsein* und aus einer Vergangenheit, die vor aller irdisch-weltlichen liegt, erinnert wird, kann sie der Grund alles menschlichen Strebens werden.[2] Die Vergangenheit wird durch die memoria als möglich wieder erfahrbare *präsentiert*, d. h. sie wird in die Gegenwart gezogen und verliert dadurch den Charakter des endgültigen »Vorbei«. Die Vergangenheit wird in der memoria deshalb gerettet, weil sie in diesem Präsentieren zu einem möglichen Zukünftigen wird.[3] Das aber heißt, daß der appetitus nicht absolut freischwebend ist, sondern daß selbst das Im-Begehren-einen-Bezug-stiften nur scheinbar eigenmächtig ist, in Wahrheit abhängig von einer schon vorgegebenen Bezogenheit, die er in seiner Ausgerichtetheit auf die Zukunft immer schon vergessen haben muß. Entsprechend dieser neuen und ursprünglichen Zugangsmöglichkeit zu jenem *Ursprung*, aus dem die beata vita stammt, fragt der Mensch nicht mehr begehrend nach dem summum bonum, sondern in der Suche nach der beata vita, si quaerit beata esse infirma anima, quaerit *unde* beata sit sancta anima (Ioan. Ev. XXIII, 5).

In diesem Erinnern ist der Mensch einmal über sich selbst, d. h. über den ihm zur Verfügung stehenden innerweltlichen Erfahrungskreis hinausgewiesen, und er ist ferner gerade zu der letzten Grenze der Vergangenheit hingewiesen, d. h. zu seinem letzten Ursprung. Zu der memoria kommt der Mensch amore amoris Dei.[4] Das Suchen nach der memoria ist zugleich die Flucht vor der *dispersio*. Amore amoris Dei ist das Suchen geleitet, weil es die eigentliche *confessio* ist, die im *recordari* besteht. Also nicht das Begehren der beata vita führt zur memoria, obgleich auch sie erst hier entdeckt und vor allem garantiert werden kann, sondern das suchende Fragen nach dem eigenen Ursprung, nach dem qui fecit me. Conf. X, 12: Transibo ergo et istam vim naturae meae gradibus ascendens ad eum qui fecit me; et venio in campos et lata praetoria memoriae. In der memoria wird die beata vita vorgefunden; durch sie hat der Mensch einen Bezug zu seinem eigensten Sein, das sein Ursprung ist. Indem die creatura eine Vergangenheit erinnert, die vor aller irdisch-menschlichen Erfahrungsmöglichkeit liegt, bietet sie die äußerste Grenze der menschlichen Vergangenheit dar, das eigene »*Von-wo-aus*«.

In der Abhängigkeit des appetitus von dem beatum esse velle spricht sich eine tiefere und fundamentalere Abhängigkeit aus, als sie der appetitus seinem eigenen Sinn nach je entdecken kann. Diese Abhängigkeit in ihren Konsequenzen zu verstehen, ist die Aufgabe dieses Kapitels.

Die Abhängigkeit, die sich schon in der Rückverkoppelung des appetitus aussprach, ist die Abhängigkeit der creatura vom Creator. Daß der Mensch in seinem Begehren durch das beatum esse velle von einer beata vita abhängig ist, die er innerhalb seines irdischen Lebens nie hat erfahren können, und daß diese beata vita wiederum das allein Bestimmende seines irdischen Seins ist, besagt, daß er in seinem Sein abhängt von etwas *außer ihm*; und da diese beata vita *erinnert* wird, obgleich nicht aus dem innerweltlichen Erfahrungszusammenhang, ist dieses »außer-ihm« identisch mit einem »vor-ihm«. Das »außer-« und »*vor-ihm*«, das, was vor ihm war, ist der *Creator*,[5] der nur insofern in ihm ist (in me), als er sich in der memoria als Streben nach der beata vita kundgibt. Erst in dem *Rückbezug* auf den Creator kann die creatura das Bestimmende ihres Seins haben, denn in ihm ist schon vor der actio creati die *ratio* creandi hominis.[6] Nur im Rückbezug auf den Ursprung hat die jeweilige dilectio ihren Sinn, weil in ihm, in dem die rationes sempiternae sind, der Sinn, und zwar der unvergängliche alles irdischen Seins ist.

De Civ. Dei XII, I, 2: Ita quam vis non omnis beata possit esse creatura [...] ea tamen quae potest, non ex se ipsa potest, quia ex nihilo creata est, sed ex illo a quo est. Die beata vita ist nur in dem *redire* auf das eigene Von-wo-aus erreichbar.[7] Das redire ad se ist identisch mit dem redire ad Creatorem. Der Mensch liebt sich selbst, indem er sich auf Gott als seinen Schöpfer bezieht. Wie auch der appetitus, der nach der beata vita strebt, seinen Sinn erst aus der Erinnerung erhält, die hinter das irdisch-weltliche Leben zurückreicht, so erhält die creatura in ihrer Kreatürlichkeit ihren Sinn überhaupt erst vom Creator, der vor ihrem Geschaffensein als ihr Ursprung da war. Denn der Ursprung ist, sofern er als Creator früher ist als das creatum, immer schon da; und da die creatura ohne diesen Ursprung nichts wäre, ist die Rückbezogenheit dasjenige, was sie als Seiendes allererst konstituiert. Diese Vorgegebenheit gründet in der Tatsache der Kreatürlichkeit des Menschen. Das creatum esse besagt, daß die creatura ihr Sein nicht von sich selbst her hat, sondern von Gott als dem Sein schlechthin, dem summe esse.[8] Das redire ad Deum ist das Rückbezogensein auf das eigene Sein,[9] und jede creatura ist nur, sofern sie diese Rückverbundenheit mit dem eigenen Ursprung hat.[10] Diese Bezogenheit ist keine willkürlich gestiftete, sondern der Ausdruck der *Abhängigkeit* der creatura qua creatura. Auch der appetitus machte den Menschen abhängig, und zwar von dem Was des Begehrens (siehe Teil I). Aber nicht nur, daß er diese Abhängigkeit aus der spezifischen Mangelhaftigkeit des Lebens erst gestiftet hat, diese Abhängigkeit ist immer von der *Zukunft* her bestimmt als dem erwarteten bonum oder malum. Die Abhängigkeit der creatura aber gründet gerade in der *Rück*bezogenheit, also in dem Bezug auf das eigene Von-wo-aus. Das Sein ist der Ursprung, dem sie verhaftet bleibt und den sie nicht etwa erst stiftet. Und das Signum dieses Verhaftetseins ist die Erinnerung an den Ursprung. Sehen wir von dem Creator-creatura-Zusammenhang rückwärts auf den appetitus, so wird verständlich, warum wir die aus ihm entspringende Selbstverleugnung eine pseudo-christliche nennen durften (siehe S. 41); nämlich insofern in dem ursprünglichen

Ansatz der Rückverkoppelung, die allerdings im Fortgang wieder völlig verdeckt wurde, schon eine Intention auf das Verständnis des Menschen als a Deo creatum esse liegt.

Die creatura ist, was sie ist, erst geworden. Die Struktur ihres Seins ist das *fieri* und *mutari* (Conf. XI, 6). Der Creator ist das Sein schlechthin,[11] und als dieses Sein das, was prinzipiell ante omnia ist. Conf. XI, 6: Quidquid autem factum non est, et tamen est, non est in eo quidquam quod ante non erat, quod est mutari et variari. Die Mutabilität des kreatürlich Seienden ist ein ihm spezifischer Seinsmodus, der weder esse noch non esse ist, sondern dazwischen liegt. Jedes Seiende, das gemacht ist, das in sein Sein erst hat gerufen werden müssen, ist nicht Sein schlechthin, sondern ist nur in Beziehung zum Sein.[12] Dieses Sein selbst ist das völlig *Unveränderliche*. Dic creatura bezieht sich also auf ein Sein, das seiner wesentlichsten Struktur nach ihr entgegengesetzt ist, und bezieht sich doch auf es als *ihr* Sein im Sinne der sempiterna ratio. Das Leben gesehen in seiner Mutabilität und zugleich als das, was nicht nichts ist, sondern entsteht und vergeht, hat das Sein, wodurch und woraufhin es ist, nicht in einem einfachen Besitz, sondern ist nur in bezug auf es.[13] Selbst die Mutabilität des Seienden kann nur sein, sofern sein esse immutabile ist.[14] Einmal in die Existenz gerufen hat es weder die Möglichkeit, zum nihil zu werden,[15] noch ist es als daseiendes schon Sein im radikalen Sinne, d. h. ewiges Sein.[16] Es ist überhaupt nicht Sein, sondern immer nur so oder so sich verhaltendes Seiendes, dem das ewige permanere in se (De mor. Manich. II, 3) gegenübergestellt ist. Das Seiende ist gesehen in der vollen Konkretion des menschlichen Lebens, aus dem Nichts kommend, dem Nichts zueilend. Die Mutabilität dieses Lebens, das nicht nichts ist, ist nur in der Rückbezogenheit, und es kann diese Bezogenheit noch einmal ausdrücklich ergreifen in der *caritas* (siehe Abschn. 2). Abgesehen davon aber ist diese Bezogenheit konstitutiv für die menschliche Existenz und ist indifferent in ihrer Vorgegebenheit gegen caritas und cupiditas.

Der Seinsmodus des sich beziehenden Seienden ist gekennzeichnet durch *imitari*. Darin drückt sich das Bezogensein habituell aus, denn aus dieser imitatio kann kein Seiendes heraus. Auch das Schlechte ist noch in der Abhängigkeit des perverse imitari.[17] Es gibt wohl eine Pervertierung, die aus dem ex nihilo factum esse entspringt, aber einmal ins Sein gerufen, gibt es keinen absoluten Abfall von dem eigenen Ursprung, nur ein Sichentfernen (appropinquare nihilo[18]). Das Sichverhalten des Seienden, dem das einfache Sein Gottes, das als Sein schon identisch ist mit allen seinen möglichen Verhaltungen, entgegensteht, ist durchgängig bestimmt von diesem imitari. De mor. Manich. II, 8: Nihil est autem esse quam unum esse. Itaque in quantum quidque unitatem adipiscitur, in tantum est. [...] nam simplicia per se sunt; quae autem non sunt simplicia, concordia partium imitantur unitatem et tantum sunt in quantum assequuntur. Die imitatio besagt also erstens die Grundstruktur der Verhaltungen dieses Seienden auch da, wo scheinbar eine Abkehr vorliegt, die dann in Wahrheit nur eine Pervertierung ist, und sie kann zweitens bestehen in der ausdrücklichen Aneignung dieser vorgegebenen Struktur in der Liebe,[19] die dann den Rückbezug realisiert.

Der Bezug der creatura zum *esse* ist der Bezug zum Creator. Der Creator ist vor jedem möglichen creatum, er ist vor der Welt, die in ihrem faktischen Bestand erst aus der sempiterna ratio entstanden ist.[20] Weil die Welt und damit jedes creatum erst entsteht, ist sein Sein bestimmt durch fieri, es wird, es hat einen Anfang. Damit ist es aber schon der Mutabilität unterworfen, es ist und war nicht immer, was es ist, sondern ist es erst geworden. Was aber erst geworden ist, einmal nicht war, hat auch ein Ende, es wird einmal nicht mehr sein.[21] Das esse, von dem her es ist, ist ewig. Es ist vor dem Seienden und wird nach ihm sein. Es ist ante in dem doppelten Sinne: es war vor dem Geschaffenen (ante omnia), und es ist vor dem Geschaffenen als das, was nach ihm noch bevorsteht, und worauf es hier zulebt.[22] Diese Doppeltheit des ante ist für die creatura entdeckt durch die memoria, die ja als ein Präsentieren der Vergangenheit bestimmt ist: Die Vergangenheit ins Präsens der eigenen Existenz gerufen, wird von neuem zu einer erfahrbaren Möglichkeit des eigenen Seins. Daher kann das Sichzurückbeziehen auf den eigenen Ursprung, der im Rückbezug als das schlechthin Umfassende gilt, zugleich ein *se referre ad finem* werden, wie es ein *redire ad Creatorem* war. Und erst hier bekommt die Doppeltheit des ante ihren eigentlichen Sinn: es ist als ante für den Rückbezug zugleich das *Von-wo-aus* und das *Worauf-hin*. In der Ansetzung des Seins als ewiges wird also für das zeitlich Seiende Anfang und Ende im Sich-auf-das-eigene-Sein-beziehen vertauschbar. Das esse ist als immutabile zugleich die äußerste Grenze der Vergangenheit und die der äußersten Zukunft. Der Creator bleibt als identisch derselbe, unabhängig von dem, was er schafft. Es gibt für ihn keine Zeit, im Sinne der zeitlichen Erstreckung;[23] d.h. seine Zeit ist die Ewigkeit, das ewige Heute, die absolute Gegenwart. Die creatura ist zeitlich bestimmt durch das Faktum des Gewordenseins. Mit ihrer Mutabilität ist zugleich die Zeit geschaffen.[24] Nur durch Erinnerung und Erwartung kann sie die zeitliche Erstreckung ihres Seins als präsentierte Vergangenheit und Zukunft zu einem Ganzen zusammenfassen und sich damit dem ewigen Heute, der absoluten Gegenwärtigkeit der Ewigkeit nähern. Daß die Vergangenheit als Vergangenheit nicht mehr auf immer verloren, sondern durch die memoria in die Gegenwart zurückgebracht werden kann, macht die große Macht (vis) der memoria aus (Conf. X, 26 u. 14). In diesem Zur-Gegenwart-bringen der Vergangenheit wie der Zukunft fallen wirklich beide in der Gegenwart zusammen. Daß die äußerste Vergangenheit und die äußerste Zukunft als ante de facto im redire ad se, im Zurückkehren zu dem eigenen Sein, zusammenfallen, gibt der creatura ihren Anteil am immutabile esse. Das sterbliche Leben lebt, indem es der letzten Grenze, dem Tode zulebt, hin zu seinem letzten Ursprung. Und erst dieses Zur-Gegenwart-machen des ganzen

Lebens gibt der creatura die Möglichkeit der participatio an der *aeternitas.*[25] Die *Vergegenwärtigung* in Erwartung und Erinnerung, in der die letzte Grenze der Zukunft identisch wird mit der der Vergangenheit, macht die Zeit und das Verhaftetsein der creatura an sie zu nichte. Dadurch, daß das Vergegenwärtigen der memoria die Vergangenheit als Gegenwart und damit zugleich eine Identifizierung der Vergangenheit mit der absoluten Zukunft als schon gehabte und wieder begehrte Möglichkeit bereitstellt, wird für das faktisch existierende Leben, das im Rückbezug auf den Creator nach dem eigenen Sein fragt, *Anfang und Ende seines Lebens* vertauschbar. Aus dem Phänomen der Vertauschbarkeit entsteht für uns die Frage *erstens* nach dem leitenden Seinsbegriff, der es ermöglicht, daß das eigentliche Sein des Menschen zu etwas Umfassendem werden kann, dem ante in jenem doppelten Sinn von Anfang und Ende, und *zweitens* nach der Beschaffenheit des Lebens in dieser Welt, das die Möglichkeit gibt, im redire ad se nach etwas zu fragen, das in dieser Welt gerade nicht erfahrbar ist. Denn das eigentliche esse der creatura ist niemals dem weltlichen Leben immanent, sondern es liegt prinzipiell vor der Welt, es ist der Ursprung, der selber nicht mehr weltlich ist. Was ist das für eine Welt, in die die creatura hereingeboren ist und die für sie doch nicht das ursprünglich Bestimmende ist?

Diesen beiden Fragen entsprechen bei Augustin zwei völlig heterogene Intentionen. Die Bestimmung des *Seins* ist geleitet von der griechischen Auffassung von Sein = dem immer Seienden = dem Bestand habenden.[26] Dieses Sein aber ist, wie wir sehen werden, nichts anderes als der ewige Strukturbestand der Welt. Die Frage nach der Welt dagegen ist geleitet von der christlichen Intention, die alles weltlich Bestehende als Geschaffenes begreift, also ihm gerade nicht Ewigkeit zuspricht, und von der spezifisch christlichen Kosmosinterpretation, in der Welt wiederum verstanden ist als die von Menschen konstituierte Menschenwelt.[27] Aus diesem doppelten Ansatz ergibt sich sachlich folgende Schwierigkeit: einmal ist das Sein, nach dem die creatura fragt, gerade der Strukturbestand der Welt, in den die creatura selber hereingenommen ist. Andererseits fragt, dem christlichen Verständnis von Welt entsprechend, die creatura in der Frage nach dem eigenen Sein sich sozusagen aus der Welt heraus. Unsere Aufgabe ist es zu zeigen, wie aus diesen beiden Intentionen Augustins Bestimmung des Creators und der Ewigkeit als dem doppelten ante erwächst. Dabei ist von vornherein zu betonen, daß für die Beziehung creatura-Creator der christliche Weltbegriff der weitaus wichtigere ist. Wir werden aber dem aus der griechischen Tradition stammenden Seinsbegriff, sofern er sich bei Augustin in der Auffassung der Welt als universum wiederfindet, dennoch genauer nachgehen müssen, um die eigentümliche Abbiegung des anderen Begriffszusammenhanges, aus der erst die Bestimmung des doppelten ante erwächst, verstehen zu können.

Das Sein ist in dem Zusammenhang der griechischen Tradition der *Kosmos* in seiner Totalität, der als identischer bestehen bleibt, unabhängig von der Variabilität seiner Teile. Jeder Teil des Kosmos ist nur, insofern er Teil ist und als solcher Anteil hat am Ganzen.[28] Conf. IV, 15: Tantum dedisti eis, quia partes sunt rerum, quae non sunt omnes simul, sed decedendo ac succedendo agunt omnes universum cuius partes sunt.[29] Zwar das *universum ist simul,*[30] nur die partes entstehen und vergehen, aber zu diesem simul steht der einzelne Teil in keinerlei übersehbarer Beziehung, da er als entstehender und vergehender das simul als simul gar nicht fassen kann.[31] Von dieser Unfaßbarkeit des simul wird dann die spezifische *Zeitlichkeit der pars* verstanden. Sie gründet in diesem Zusammenhang gerade nicht in der Mutabilität und Vergänglichkeit der creatura, sondern in dem *pars-totum-Verhältnis.* Zeit ist nur, weil für die pars das simul ein Nacheinander ist. Sie ist also im Gegensatz zu dem simul der Ewigkeit das Nacheinander dessen, was eigentlich zugleich ist. Diese Ewigkeit ist der Strukturbestand des universum. Denn, wenn es auch als Geschaffenes wieder vergeht, so ist vergänglich an ihm nur die figura, nicht die natura.[32] Das besagt hier: unabhängig vom Entstehen und Vergehen des Einzelnen bleibt die Unvergänglichkeit der Harmonie, in der das Einzelne seinen Platz hat. Die Zeit ist die Form, in der die pars das universum begreift.[33] Simul ist nur das universum, die pars selber entsteht und vergeht. Der Teil ist simul nur in seinem strukturhaften Bestand: zum Universum zu gehören. Er realisiert sich für sich im Universum durch die Zeit. Die eigene *vita* wird so wieder zu einer in partes zerlegbaren,[34] immer gemessen und verstanden an der Simultaneität des universum. Die vita wird so der Einmaligkeit und Unumkehrbarkeit des Verlaufs von Geburt zu Tod entkleidet. Das universum ist das schlechthin Übergreifende, gleichgültig gegen jeden seiner Teile. Es ist als das Unveränderliche konstitutiv für die partes, und die partes haben ihren Sinn nur in dieser Eingegliedertheit in das totum. In dieser Eingegliedertheit wird jeder einzelne Abschnitt des Lebens selber wieder zur pars, die als pars nur entstehen kann auf Grund des mangelnden simul des Lebens selber. Esse ist also das Ganze, es ist das Umfassende und Umgreifende, es gibt für es keine Zeit, es ist das ewige Präsens, das alles zugleich präsentiert und so die zeitliche Vergänglichkeit der partes mit umfaßt. Es gibt ferner in diesem universum kein malum, sondern nur die an ihrer Stelle geordneten bona, die nur vom singulum als mala erscheinen können.[35] Dieses esse ist als universum weder die Summe der singula, noch das außerhalb diese in ihrer Kreatürlichkeit Schaffende,[36] sondern esse ist als ewiger Bestand die ewige gesetzmäßige Struktur, die Harmonie der Teile.[37] Schlecht ist, wer sich dieser vorbestimmten Harmonie entzieht, wer ungehorsam ist der aeterna lex quae impressa nobis est. Eingedrückt ist sie auch jedem singulum, sofern es pars ist, und der beste ist der homo ordinatissimus (De lib. arb. I, 15 u. 18).[38] Für den Menschen als pars kann es kein redire und kein se referre geben (und so treten auch diese Termini niemals in Zusammenhängen auf, in denen von universum die Rede ist), da esse hier nicht das je eigene Sein (ratio) des Seienden (creatura) ist, zu dem es aus seiner Kreatürlichkeit einen notwendigen Bezug hat, sondern als das schlechthin Umfassende auch gegen den Einzelnen und für ihn das völlig Indifferente bleibt. Die pars hat gar keinen Anfang, auf den sie sich rückbeziehen könnte. Das universum, dessen Universalität für sie unerkennbar bleibt, ist nicht ihr Ursprung, sondern das Übergeordnete, in das sie eingeordnet ist, der ewige Strukturbestand, der auch ihre Struktur bestimmt, aber nicht schafft.[39] Diese Ordnung ist, so wie sie ist in alle Ewigkeit, und ebenso das in ihr Geordnete, gleich ob das Einzelne entsteht und vergeht (vgl. Anm. 32, S. 126). Als dieses Entstehende und Vergehende ist es jederzeit auswechselbar und ergänzbar. Die pars ist nur noch da für die pulchritudo universitatis und nicht mehr für sich selbst. Das eigene Selbst ist als singulum zugleich eingeschlossen und verloren in dem ewig sich gleich bleibenden simul des Universums. Das ante im Sinne des Creator hat hier seinen Sinn verloren. Weder die Welt noch der Creator ist früher, diese Fragestellung ist sinnlos, da die konkrete Vergänglichkeit des menschlichen Lebens nicht mehr gesehen ist, wenn es als pars gefaßt ist. Dieser Weltbegriff, der aus der griechischen Tradition kommt,[40] ist zwar für die späten Schriften A.s gerade nicht der eigentlich zentrale, biegt aber dennoch die Problematik des *mundus*-Begriffes, den wir jetzt behandeln wollen, und den aus ihm erst zu verstehenden Rückbezug deutlich ab.

De div. quaest. 83. qu. 24: nihil igitur casu fit in mundo. hoc constituto consequens videtur, ut quidquid in mundo geritur partim divinitus geratur partim nostra voluntate. Am Geschehen in der Welt sind wir nostra voluntate beteiligt. Gott, sofern auch durch ihn geritur, etwas geschieht, ist nicht der Ewige, Allumfassende, uns und unser Tun mit Umschließende, sondern das Verhältnis ist partim-partim. Der mundus ist also der Ort des *geri*, außerhalb dessen in gewissem Sinne der gerens steht, sei es Mensch oder Gott. Jedenfalls das Geschehen in der Welt wird mit konstituiert von dem Menschen, der in der Welt lebt. Was aber ist diese Welt selbst?

Ep. Ioan. tr. II, 12: mundus enim appellatur non solum ista fabrica quam fecit deus, caelum et terra [...] sed habitatores mundi mundus vocantur [...] omnes ergo dilectores mundi mundus vocantur. Die Welt also sind die *dilectores mundi.* Der Weltbegriff ist doppelt: Welt ist einmal die jeder dilectio mundi vorgegebene *Schöpfung* Gottes – coelum et terra – und ist zweitens die sich im habitare und diligere konstituierende *Menschenwelt.*[41] (Für die Bedeutung dieses diligere siehe S. 32.) In dem nostra voluntate geri wird aus coelum und terra der mundus im zweiten Sinne. Im Konstituieren der Welt wird die Welt allererst gemacht, aber nicht geschaffen ex nihilo wie bei der Schöpfung, sondern aus der *fabrica Dei,* aus der Vorgegebenheit der Schöpfung macht der Mensch die Welt und macht sich selbst zu einem der Welt Zugehörigen. En. in Ps. CXLI, 15: Unde mundus peccatores? Quia diligunt mundum, et *diligendo inhabitant* mundum; quomodo domus dicitur et fabrica, et inhabitantes. Das nostra voluntate geri ist geleitet von der dilectio mundi, in der allererst die Welt, die fabrica Dei, selbstverständliche Heimat für den Menschen wird. Das menschliche Leben selber, das in der Vorgegebenheit der Schöpfung, in die es hineingeboren ist, sich einrichtet, macht die fabrica zum mundus.[42] Das diligere mundum, das Weltlichmachen der Welt gründet in dem *de mundo* sein (siehe unten Ioan. Ev. XXXVIII, 4). So wenig wie die Schöpfung Gottes als solche schon weltlich ist – was dieses »weltlich« eigentlich besagt, sehen wir später –, so wenig ist der de mundo schon weltlich. Er hat die Möglichkeit in der Welt nicht beheimatet sein zu wollen und sich damit den Rückbezug auf den Creator ständig offen zu halten. (Noli amare habitare in fabrica, sed habita in fabricatore. En. in Ps. CXLI, 15.) Die Schöpfung Gottes wird vorgefunden, und indem die creatura die Welt vorfindet, findet sie sich selbst vor, de mundo, auch von Gott geschaffen. Erst indem sie aus der Welt ihre Heimat macht, was sie in dem puren Sich-als-von-Gott-geschaffen-Vorfinden nicht ist, wird der mundus gestiftet. Im Gegensatz zu diesem *invenire*, auf das die creatura auch in jedem *facere* angewiesen bleibt, steht das freie *Schaffen* und Erwählen Gottes.[43] In der Angewiesenheit auf das invenire im fabricare der creatura spricht sich die spezifische Fremdheit aus, in der die Welt als *eremus* für sie in der Vorgegebenheit da ist. Im Gegensatz zum fabricare Gottes, der mundo infusus fabricat und so eine ursprüngliche Bindung an das Geschaffene hat,[44] das nur als seine Schöpfung überhaupt existent ist, steht der Mensch dem eigenen fabricatum fremd und von außen gegenüber: das Gemachte ist – im Gegensatz wieder zu dem Schaffen Gottes, das zugleich ein kontinuierliches Erhalten ist[45] – ohne weitere Bindung an seinen faber in der Welt als Ding vorfindlich. Der Mensch kann sich jederzeit von dem selber Gemachten zurückziehen, ohne daß dieses darum aufhörte, vorhanden zu sein. Er steht *außerhalb* (forinsecus) des Geschaffenen und hat als solcher keine Macht über es. Die Welt behält also selbst im Sich-einrichten des Menschen in ihr, das sich im fabricare vollzieht, ihre ursprüngliche Fremdheit bei. Da jedes vom Menschen Gemachte dank seiner Machtlosigkeit über es sofort zum Vorfindlichen wird und ihm als Welt gegenübertritt, kann er sich sowohl in der Besinnung auf den eigenen Ursprung von dieser von ihm selbst im habitare erst wohnhaft gemachten Welt zurückziehen, als auch sie im Begehren noch einmal ausdrücklich aneignen. Nicht das fabricare als solches hebt den Fremdheitscharakter der Welt auf und macht den Menschen zu einem der Welt Zugehörigen – das fabricare läßt den Menschen immer noch wesensmäßig außerhalb des fabricatum –, sondern erst die dilectio mundi, in der der Mensch die Welt ausdrücklich zu seiner Heimat macht und aus ihr allein im appetere sein bonum und malum erwartet. Erst hier wird die Welt und der Mensch »*weltlich*«. In einem anderen Sinne findet sich der Mensch auch im Verzicht auf jedes facere ex aliquo und habitare in fabrica, in dem sich die dilectio mundi ausspricht, als der Welt gehörig vor, er ist de mundo, aber nur insofern als er mit ihr und in ihr geschaffen ist.[46] Die Weltlichkeit der Welt ist erst da möglich, wo das facere und diligere des Menschen selbständig, unabhängig von dem puren Geschaffensein eintritt.

In dem notwendigen de mundo sein ist die creatura nur, sofern mundus ist. Ioan. Ev. XXXVIII, 4: Omnes de mundo post mundum; quia prius mundus, et sic homo de mundo: prius autem Christus, deinde mundus. Das invenire beschließt das post in sich. Sofern der Mensch sich nicht in die Welt hineinschafft, sondern in ihr vorfindet, ist er prinzipiell »post«, später sowohl als die Welt, in der er lebt, als auch in diesem spezifischen Sinne später als das eigene Sein.[47] Aber in die Welt hereingeboren und so de mundo ist diese Welt in ihrer Vorgegebenheit für ihn als *gegenwärtige* vorhanden und zugänglich, während das eigene Sein, von dem her er ist, was er ist (die sempiterna ratio),[48] prinzipiell auch vor der Welt liegt, der er als de mundo zugehört. Das eigene Sein ist vor ihm und ist für ihn nur als präsentierte Vergangenheit in der memoria zugänglich. Jedes se quaerere und mögliche se invenire beruht auf dieser Tatsache, als creatum später zu sein als das eigene Sein. Das eigene Sein ist prinzipiell ante, von ihm her ist das Seiende, was es ist, und es sucht sich in der Suche nach diesem ante. Das de mundo esse liegt also jeder ausdrücklichen dilectio mundi voraus und besagt die Zugehörigkeit zu dem Reich des Erschaffenen. Das creatum esse bedeutet in bezug auf die Welt für die creatura ein Doppeltes: Sie ist erstens in die Welt hineingeschaffen und so post mundum. In diesem post gründet ihre Abhängigkeit von der Welt, d. h. die Möglichkeit der Verweltlichung. Die Welt ist gewissermaßen das falsche ante – dies wird später auszuführen sein –, denn die creatura ist zweitens von der Welt, insofern als die Welt zu dem Geschaffenen gehört und ihrerseits auf den wahren Ursprung zurückweist. Wir sehen deutlich: das ante ist entsprungen aus diesem creatura-mundus-Zusammenhang; die creatura, in die Welt hineingeschaffen, sucht sich selbst als das, was sie, die als creatum später ist als ihr eigenes Sein, überhaupt erst in dieses In-der-Welt-sein gerufen hat. Dieses suchende Fragen nach dem eigenen Sein ist spezifisch für das Dasein des Menschen, aber nicht für die fabrica Dei, und es gründet in dem beatum esse velle, das seinerseits ja durch die Rückverkoppelung in der memoria auf den Creator hinweist.[49] Welt als fabrica ist in völliger Fraglosigkeit in seinem Sein. Diese Welt allein ist auch vor und nach der creatura da und kennt, wenn auch geschaffen, nicht die spezifische Fragwürdigkeit des eigenen Seins. Und die fabrica kennt diese Fragwürdigkeit deshalb nicht, weil sie zwar mutabilis so doch nicht vergänglich ist. In der Frage nach dem eigenen Sein fragt die creatura – geleitet von dem griechischen Seinsbegriff – nach dem *Unvergänglichsein*, und dies gerade aus der Erfahrung der Welt als coelum und terra. Primär erfahren ist nicht die Unvergänglichkeit Gottes, sondern die Unvergänglichkeit der Welt. Dies ist ersichtlich gerade aus dem Terminus »post mundum«. Denn das, was post ist, unterscheidet sich von dem was ante ist – wie wir oben sahen – immer durch Bestimmtsein von fieri. Wenn Augustin von der Vergänglichkeit der Welt spricht, hat er immer im Sinn die durch Menschen konstituierte Welt (dafür ist am deutlichsten der Terminus saeculum,[50] in hoc saeculo usw.), nie etwa die Welt als coelum et terra. *Saeculum* drückt gerade die Verzeitlichung der Welt aus,[51] d. h. aber nicht die Welt, in bezug auf die die creatura post ist, sondern die, die sie in ihrem de mundo sein erst selbst konstituiert. (Für das Hereinziehen der Welt in die Vergänglichkeit des Menschen siehe S. 32.) Der terminus saeculi fällt zusammen mit dem Aufhören des genus humanum.[52] – In dem Suchen nach dem eigenen Sein stößt die creatura auf das ante, den Creator.

Aber wir müssen, um das doppelte ante zu verstehen, weiter und konkreter nach der Art des kreatürlichen Lebens fragen. Wir stellen an dieser Explikation der Welt in aller Vorläufigkeit nur fest: Der oben abgehandelte Weltbegriff, in dem Welt so viel besagte wie totum und universum, der seine Ewigkeit der Unveränderlichkeit seines Strukturzusammenhanges verdankt, und in dem der Mensch nicht creatura, sondern pars ist, spielt hier in den mundus-Begriff insofern herein, als er den ursprünglichen Ansatz des Verständnisses der creatura als geschaffen zugleich mit und in der Welt, aus dem das de mundo zu verstehen ist, abbiegt, und Welt wieder als das *Prius* in seiner Unveränderlichkeit verstanden wird. Damit ist aber das menschliche Leben wieder hereingestellt in die Umschlossenheit von der Welt und nicht gesehen in dem Zugleichsein mit der Welt. Denn dem post mundum des Entstehens entspricht das Weiterdauern nach dem Vergehen.

Das creatum esse hat die Struktur des fieri, des Gewordenseins, und damit die Struktur der Vergänglichkeit überhaupt. Jedes Kreatürliche kommt aus dem *Noch-nicht* und eilt zu dem *Nicht-mehr*. Entsprechend dem Kommen aus dem Noch-nicht macht es, sofern es sich überhaupt auf die Suche nach dem eigenen Sein begibt, in der Frage nach dem ante den Rückbezug auf den eigenen Ursprung für sich auf Grund dieses vorgegebenen Bezugs ausdrücklich, und entsprechend dem Eilen zu dem Nicht-mehr bezieht es sich vor auf den Tod (se refert ad finem).[53] Das Leben vom Noch-nicht zum Nicht-mehr verläuft in der Welt. Die creatura fragt also, indem sie zurück- und vorfragt, über die Welt hinaus, sofern Welt gesehen ist als mitkonstituiert durch den Menschen und damit in ihrem doppelten Gemachtsein, sie fragt in diesem Fragen gerade nach dem schlechthin *Nichtkreatürlichen*, und d. h. nach dem *ante* jedes *creatum esse*. Dieses Über-die-Welt-hinausfragen hat seinen Grund in dem doppelten Nicht, in das das Leben hineingestellt ist und dieses Nicht, Noch-nicht wie Nicht-mehr, bedeutet gerade das Vor bzw. Nach des Lebens in der Welt. Hineingeboren ist das Leben in die Welt, und es verläßt mit dem Tod wieder die Welt, in der es lebte. Das *se quaerere* kann also doppelt geleitet sein: das Leben kann sich befragen in bezug auf das *Woher* und in bezug auf das *Wohin* seines eigenen Daseins.[54] Zwar fragen beide Fragen nach dem *Nicht* des Lebens (nondum–iam non),[55] aber das Nicht ist ein qualitativ verschiedenes: das Nicht des Noch-nicht bezeichnet den *Ursprung* und das Nicht des Nicht-mehr den *Tod*.[56] Das Nicht der Vergangenheit und das Nicht der Zukunft sind trotz der scheinbar selbigen Negativität keineswegs identisch. Die äußerste Grenze der Vergangenheit ist zwar für die creatura das non esse, sofern sie ex nihilo facta est,[57] aber sie stößt in ihr gerade auf das ihr zugehörige Sein, sofern sie ja ins Sein gerufen ist, also nicht nur nicht völlig aus dem nihil, sondern zugleich aus dem summe esse qua principium[58] stammt. Vor ihm war also sowohl das höchste Sein wie das absolute Nichts,[59] und nur für das de nihilo factum ist Gott das schlechthinnige ante. Jedes andere ante würde wie das ante der Welt nur einen weiter rückweisenden Charakter haben, oder aber die creatura würde genita de Deo sein (wie der Unigenitus) und damit nicht etwas anderes als Gott, sondern consubstantialis.[60] Auch der Unigenitus ist de illo, aber Gott hat ihm gegenüber nicht die Priorität. Er hat keinen Anfang, weil er nicht einmal nichts war. Das principium ist bleibend, es war vor der creatura, aber zu diesem Bleibenden hat sie den ganz bestimmten Bezug des aus ihm Kommens. Das Nicht des eigenen Lebens als Noch-nicht hat eine positive Bedeutung: es steht im Zusammenhang mit dem, was auf das Noch-nicht folgte, dem Geschaffenen, und das Geschaffene ist nur dadurch, daß es diesen Zusammenhang mit dem eigenen Noch-nicht hat, der ihm die Ewigkeit seines Von-wo-aus vermittelt und verbürgt. Das Leben kommend aus dem Noch-nicht »tendiert« zu seinem esse.[61] Das Tendieren liegt schon in dem Faktum beschlossen, daß es aus dem Nichts ins Sein gekommen ist. Das Leben aber, in dem sich das *tendere esse* vollzieht, hat ein Ende, weil es einen Anfang hatte (das besagt, non omnino est et non omnino nihil est).[62] Indem das Leben so gerade seinem Ende in dem tendere esse zulebt, lebt es wieder einem, aber von dem ersten verschiedenen *non esse* zu, und das tendere esse vollzieht sich als Rückbezug auf das eigene Noch-nicht, weil nur in dem Nicht als dem Ursprung zugleich auch der Ursprung des tendere esse überhaupt liegt. Das Noch-nicht des Lebens ist also nicht nichts, sondern bestimmt gerade als Ursprung das Leben in der Positivität seines Seins. Dieser Rückbezug auf das eigene Noch-nicht ist notwendig, weil das Leben in der Welt ein Ende hat. Der Anfang besagte, in die Welt hereinkommen, das Ende besagt, aus der Welt wieder heraus müssen. Der Rückbezug bezieht sich vor die Welt und das Leben in ihr zurück; das, was er vermittelt, ist deshalb unabhängig von dem absoluten Nicht-mehr des Todes. Das Nicht-mehr des Todes weist ursprünglich vor jeder spezifisch christlich-theologischen Ausdeutung nicht auf ein esse hin, in dem die creatura in einem vorgegebenen Zusammenhang steht, sondern es besagt einfach das endgültige Nicht-mehr alles dessen, was das Leben in seiner Vorläufigkeit hat oder ist.[63] Andererseits entsteht auch der Rückbezug nur, weil das Leben vergänglich ist. Erst deshalb weil das Leben ein Ende hat, und zwar ein solches, das mit dem Beginn schon gegeben ist, muß es in der Suche nach dem eigenen Sein den Rückbezug konstituieren. Der Tod ist das äußerste Sich-entfernen von dem eigenen Ursprung, von dem Creator. Das Leben verliert sein Sein an den Tod, wenn es sich entfernt hat von dem Ursprung seines Seins.[64] Die Gefahr des Menschen ist es gerade, dieses notwendige tendere non esse nicht zu sehen, den Rückbezug nicht zu aktualisieren und damit dem Tode, der absoluten und ewigen alienatio a Deo zu verfallen.

Der Mensch wird aufmerksam auf den Ursprung seines Lebens erst durch den Tod. Das ist der Sinn seiner Vergänglichkeit und dies der Sinn der Kreatürlichkeit in dem oben ausgezeichneten Sinn (siehe S. 58 ff.). Der *Tod* als das Ende des Lebens wirft das Leben zurück auf den Ursprung seines Seins. Jetzt erst verstehen wir das redire in seiner vollen Bedeutsamkeit. Das Zurück besagt nicht einen in jedem Fall und für jedes creatum esse beliebig zu vollziehenden Bezug, sondern das Zurück kommt gerade vom Tode zurück und stößt in diesem vom Tode her bestimmten Zurückfragen auf den Creator qua esse. In diesem Fragen versteht das Leben sich als kommend aus dem Sein und eilend zu dem Nichts. *Der Ursprung*, der anfangs als Noch-nicht negativ verstanden war, schlägt in dem Bestimmtsein vom Tode zu seiner ganzen Positivität um und wird zum *esse* schlechthin, der *Tod*, der anfangs angesetzt war als das Nicht-mehr des Seienden, das aus dem Noch-nicht kommt, schlägt um und wird zum absoluten Nichts.[65] Die Zwischenstellung des Menschen zwischen esse und non esse ist jetzt wesentlich zeitlich gesehen, ja es ist die *Zeit* selbst.[66] Die Zeit ist nicht nur der Index der *Vergänglichkeit*, sondern Zeit ist selber schon Vergänglichkeit, und sofern das menschliche Leben seine mögliche Positivität nur seiner Vergangenheit verdankt, ist die eigentliche Möglichkeit, die Zeit zu halten, der Vergänglichkeit Einhalt zu tun, die memoria,[67] und dies geschieht dadurch, daß in der memoria die Vergangenheit nicht mehr pures Vergangensein, Nichtmehrsein ist, sondern als präsentierte gegenwärtig ist. Der Tod wirft das Leben zurück auf seinen eigenen Ursprung, d. h. er wirft es vor die Welt zurück (vor seinen Eintritt in die Welt) und damit auf sein eigenes Noch-nicht. In diesem Noch-nicht, das das eigentliche ante ist, verschwindet jede individuelle Unterschiedenheit, die die creatura gehabt hat: der Tod macht in dem Rückwurf idem.[68] Er offenbart das doppelte Nicht des Nicht-mehr und Noch-nicht. Zugleich mit dem endgültigen Nicht-mehr zeigt er, daß wir alle einmal noch nicht waren, und daß in diesem Noch-nicht unseres Seins, in dem was vor uns war, die eigentliche Positivität auch dieses durch den Tod wesentlich bestimmten Daseins liegt. Wir sind nur, sofern wir unmittelbaren Bezug haben zu dem Vor und Noch-nicht unserer Existenz.

Das Ende des Lebens, auf das das Leben sich bezieht, und das es zurückwirft, ist in doppeltem Sinne *finis*: einmal die finis vitae, das dem Leben immanente Ende seiner selbst, der letzte und radikalste Index seiner Vergänglichkeit,[69] andererseits aber ist finis verstanden als das, wobei das Leben aufhört, und um dessentwillen es überhaupt ist;[70] finis ist gewissermaßen der Punkt, an dem das Leben an die *Ewigkeit* stößt, ja ist diese Ewigkeit selbst. Die Ewigkeit ist so für das Leben das Ende, das nämlich, wobei es zu seinem Ende gekommen ist. Ende als finis vitae im erstgenannten Sinn stellt das Leben vor sein eigenes ante und hat nur diese gewissermaßen provozierende Bedeutung. Finis selbst ist verstanden als das eigentliche und unwiderrufliche Nichts, dem das Leben dauernd zueilt und vor dem es sich nur im reditus retten kann. In der zweiten Bedeutung wird finis zur Ewigkeit, dem Wobei des Aufhörens in einem radikal positiven Sinne und bietet sich gerade dem verweilenden Schauen und der betrachtenden Ruhe dar. Während also das Leben sich selber einmal in seinem esse als ein auf den Ursprung zurückgeworfenes verstand, versteht es sich hier als ein auf sein esse zueilendes, und diese Bedeutung taucht gerade ständig und ausschließlich dort auf, wo Augustin von dem se referre ad finem spricht. Diese Doppeldeutigkeit des finis entspricht also nicht zwei verschiedenen Zusammenhängen, sondern muß in unserem referre- bzw. redire-Zusammenhang selbst begründet sein.

Für das se referre ad finem wird das esse wieder zum ante, und zwar ist dieses *ante der Zukünftigkeit* inhaltlich genau so gekennzeichnet wie das ante der äußersten Vergangenheit, nämlich als *incommutabile* sein; nicht aber spielt in diesen Zusammenhang die Reflexion auf die eigene Kreatürlichkeit und Gott als den Creator herein. An dieser Doppeldeutigkeit des finis wird jetzt das uns leitende Phänomen der Vertauschbarkeit von Anfang und Ende (siehe S. 61), die das Leben in der Fragwürdigkeit seiner Existenz, die von dem doppelten Nicht umschlossen ist, erfährt, und seine Relevanz für eben dieses Leben noch einmal sichtbar. Die Einsicht in dieses Phänomen ist nur möglich auf Grund der Explikation der Welt, hinter die das Leben zurückfragt, und auf Grund der

Aufhellung der Bedeutung von Anfang und Ende als in die Welt hereingeschaffen und aus ihr herausgenommen werden.

Wir sahen zu Beginn dieses Abschnittes, daß bei Augustin eine doppelte, sachlich völlig heterogene Auffassung von Welt vorliegt. Das Leben, gesehen in seiner konkreten Sterblichkeit und Kreatürlichkeit, ist verstanden als ein Leben mit und in der Welt, in der es selbst vorerst weder unabhängig von ihr ist (wie etwa im redire: aus der Welt an den Ursprung zurückgehen), noch aber die Welt unabhängig von ihm, sondern es ist mitkonstitutiv für die Welt, in der es lebt. Für dieses Leben gibt es Anfang und Ende, als in die Welt und die Existenz hereingerufen, und aus ihr herausgenommen werden bzw. sie verlieren. Es ist hierfür gleich, ob mundus die dilectores mundi besagt, oder überhaupt die fabrica Dei. Denn selbst wenn die creatura die Welt mitkonstituiert, so findet dieses Konstituieren immer statt auf Grund der fabrica Dei, auf Grund der Welt, wie sie als von Gott geschaffene vorgefunden wird, und dies erst ergibt die Möglichkeit, Welt noch einmal in einem ausdrücklichen Sinne zu konstituieren. Fabrica Dei wie mundus werden beide im Tode verlassen: der Mensch verliert durch seine Vergänglichkeit sowohl die Welt, in die er hereingeschaffen ist, als auch die, welche er sich selbst in der dilectio mundi schuf.

Die *pars des totum* ist qua pars veränderlich und vertauschbar. Das totum, das sie umschließt, ist gleichgültig gegen sie. In seiner Simultaneität aber und Universalität ist das totum ein incommutabile esse, auf das sich der Mensch bezieht. Dieses selbst aber gestattet noch eine doppelte Ausdeutung: Der griechischen Tradition folgend ist das esse nicht im eigentlichen Sinne Creator, sondern der ewige Strukturzusammenhang des Kosmos; der Inbegriff des Seienden gewinnt in der μίμησις Anteil am ewigen Sein. Das redire ad se besagt dann also nicht mehr das Herausgehen aus der Welt, sondern die imitatio Dei wäre schon geleistet in dem rechten Sicheingliedern in die Welt, im *homo ordinatissimus*, der sich einfügt in das ihn Umgreifende, gemäß dessen er überhaupt nur ist, was er ist, nämlich pars. Ist aber das incommutabile esse von dem de mundo esse prinzipiell geschieden als ante, d. h. ist das incommutabile esse in den Weltbegriff nicht mit eingegangen, sondern als Ursprung der Welt dieser transzendent, so erhält der reditus zwar wieder seine ursprüngliche Bedeutung als Rückgang, aber insofern das Worauf des Bezugs, das eigene Sein als das schlechthin Unveränderliche nach wie vor verstanden ist, ist das esse auch nach wie vor das Umfassende, weil seine Ewigkeit die Zeitlichkeit mitumschließt. Es ist am Ende so, wie es am Anfang war. Das, *worauf* das Leben zueilt, ist identisch mit seinem Ursprung. Jetzt verstehen wir den Sinn der Doppeldeutigkeit von finis. Se referre ad finem hat nur dann einen Sinn, wenn es Augustin auf das tendere esse ankommt, wo finis zugleich der Ursprung ist, nämlich das umschließende esse, die Ewigkeit schlechthin. Finis in der gewöhnlichen Bedeutung als finis vitae kann in diese zweite Bedeutung nur auf Grund des Seinsbegriffes, der das Sein wieder transzendent faßt und es als solches dennoch Welt und Leben umfassen läßt, umschlagen. Indem der Tod der creatura ihre Nichtigkeit zeigt – was er nur kann, wenn der Mensch sich nicht als pars versteht –, weist er sie hin auf ihren Ursprung und auf eine mögliche Art, dem Nichts, d. h. ihm, dem Tod zu entgehen. Da dieses Sein Unveränderlichsein ist, wird er selber zu diesem Sein. Das Leben, umfaßt von der Ewigkeit, grenzt am Anfang und am Ende an diese Ewigkeit. Der ursprüngliche Grenzcharakter von Anfang und Ende als äußerster Grenze gegen das Nochnicht und das Nicht-mehr, aus dem erst der Impuls zu dem se quaerere kam, ist in dem Verlauf der Suche nach dem eigenen Sein umgeschlagen und wird selber zum Begrenzten, nämlich zum Begrenzten von der Ewigkeit. Diese doppelte Begrenzung und Umschließung des Lebens hebt aber seinen Grenzcharakter gerade auf, das aus dem Nichts-kommen und zum Nichts-eilen hat seinen Sinn verloren. Der Tod selber hat seinen Sinn verloren. Diesen spezifischen Charakter als Begrenztes erhält das Leben dann, wenn es verstanden ist von dem Sein her, das es umschließt.

Das doppelte ante also ist zu verstehen aus der Doppeldeutigkeit des finis und aus dem ursprünglichen Ansatz des Seins als Immersein. Damit aber der Tod zum ante werden kann, muß er erst einmal in seiner Funktion, die Nichtigkeit des Lebens aufzudecken und damit zugleich auf den Ursprung zurückzuweisen, für das Leben entdeckt sein. In dieser Funktion löst er das Leben ab von der Welt, indem er ihm die *Nichtigkeit* des In-der-Welt-seins vor Augen führt. Diese Nichtigkeit liegt gerade in dem aus dem Sein zum Nichtsein werden. Die spezifische Nichtigkeit des Lebens selber ist aufgehoben, wenn der Tod zum Anfang der Ewigkeit wird, in die das Leben gebettet ist, er wird zum positiven Wobei des Aufhörens. Damit ist aber der faktische Verlauf des Lebens nicht mehr der einmalige, unabänderliche und unumkehrbare des Seins zum Nichtsein, sondern es verläuft vom Sein in das Sein, aus der Ewigkeit in die Ewigkeit. Mit dieser Degradierung der Bedeutung des Endes ist zugleich der Verlauf des Lebens selber nivelliert, sofern Anfang und Ende nicht mehr absolut geschieden, sondern – gefaßt als das Umschließende – identisch geworden sind. Die Frage nach dem eigenen Sein, in der gerade das spezifische Sein des Lebens auch dann, wenn es in seiner Nichtigkeit gesehen ist, so entscheidend wichtig wird, ist hier aufgehoben. Der konkrete Verlauf des Lebens ist nicht mehr wichtig. Wenn der Tod nur das neue Sein vermittelt, das das ursprüngliche Sein überhaupt ist, ist das Dasein nivelliert, und es ist gleich für sein Sein, ob es kurz oder lang ist. De Civ. Dei XIII, X: ut omnino nihil sit aliud tempus vitae huius, quam cursus ad mortem, in quo nemo vel paululum stare vel aliquando tardius ire permittitur; sed urgentur omnes pari motu nec diverso impelluntur accessu. Neque enim, cui vita brevior fuit, celerius diem duxit quam ille, cui longior [...] Qui ergo usque ad mortem productiora spatia temporis agit, non lentius pergit sed plus itineris conficit. Die Vertauschbarkeit von Anfang und Ende des Lebens läßt es selbst nur noch als eine pure Strecke erscheinen, die alle qualitative Bedeutsamkeit verloren hat. Das Dasein selbst verliert seinen Sinn, den es autonom nur haben kann in seiner zeitlichen Erstreckung. Der Tod macht idem, indem er das Leben als solches entwertet, wenn es nicht mehr auf das ante mortem, sondern auf das post mortem hin verstanden ist.

2. Caritas und cupiditas.

Wir sahen, daß das redire ad Creatorem die ursprüngliche strukturelle Seinsbestimmung der creatura ist. Dieses redire aber wird erst dann aktuell, wenn der Tod die creatura auf diesen strukturellen Zusammenhang hinweist. Das ante ist als ante erst da, wenn der Mensch es positiv ergreift. Dieses positive Ergreifen der eigenen Wirklichkeit in der Bezogenheit zu Gott leistet die *caritas*; das Verfehlen dieses ante, in dem die Welt, die ja auch vor und nach dem Menschen da ist, für die Ewigkeit genommen wird, das Ergreifen des falschen ante ist die concupiscentia bzw. *cupiditas*. Caritas also und cupiditas sind beide abhängig von der Suche des Menschen nach seinem eigenen Sein als Immer-Sein, und dieses Immer-Sein ist beide Male gedacht als das Umschließende der konkret zeitlichen Existenz.

Serm. XXXIV, 2: Nemo est qui non amet: sed quaeritur quid amet. Non ergo admonemur, ut non amemus: sed ut *eligamus* quid amemus. Nicht nur das Was der Liebe scheidet caritas von concupiscentia, sondern das eligere. Die dilectio mundi ist niemals eine electio, denn die Welt ist immer schon da, und der amor mundi ist naturgegeben. Das Ergreifen des Rückbezugs greift gerade über die Welt hinaus, ergreift und erwählt das, was die Welt von sich aus nicht darbietet. In diesem erwählenden Lieben ist der Creator in seiner personhaften Beziehung zur creatura ergriffen. Die creatura erkennt sich als creatura, indem sie den Creator in der caritas erwählt. Der Creator, von dem die Existenz der creatura abhängt, ist auch vor dem von der creatura zu leistenden eligere da, d. h. das eligere selber ist noch abhängig von dem ante dessen, was es erwählt, und es ist nur möglich, auf Grund einer *vorgängigen electio* des Creator selbst. Ep. Ioan. tr. VII, 7: Si pigri eramus ad amandum, non simus pigri ad redamandum. Prior amavit nos; nec sic nos amamus. Auch die erwählende caritas ist als Realisierung des Rückbezugs noch angewiesen auf ein Prius. Nur sofern der Creator selber die abhängige Bezogenheit der creatura von sich aus aktualisiert, hat die creatura die Möglichkeit, ihrerseits diese Aktualisierung in der caritas zu ergreifen.[71] Diese Aktualisierung des Rückbezugs der creatura von Gott aus ist die *electio ex mundo,*[72] und sie ist die eigentliche gratia Dei. Die *gratia Dei* gibt der creatura die Möglichkeit, ihr eigenes Sein, das im reditus vorgezeichnet ist, zu ergreifen, und sofern dieses Sein aus Gott, ja Gott selber ist, ist es die Möglichkeit, secundum Deum vivere.[73] Das ausdrückliche Ergreifen der gratia Dei besagt das ausdrückliche Ergreifen der eigenen Kreatürlichkeit, die Realisierung der vorgegebenen Abhängigkeit von dem Sein, von dem her die eigene Existenz erst ist, was sie ist. Sofern diese Existenz, obwohl sie in der Welt lebt, doch bestimmt ist von dem schlechthin außer und vor der Welt Seienden, nimmt die gratia Dei die creatura aus der Welt heraus, sie ist die electio ex mundo.[74] In ihr begreift sich die creatura als nicht der Welt, sondern Gott gehörig.[75] Und hier, an dieser Funktion der dilectio, begreifen wir noch einmal und besser die entscheidende Rolle, die der Tod in der Aufdeckung des Seins der Kreatürlichkeit spielte. Er, der allein außer Gott die Macht hat, den Menschen aus der Welt herauszunehmen, weist damit auf die electio ex mundo hin. Die Furchtbarkeit des Todes beruht auf dem amor mundi, der Tod vernichtet nicht nur jeden Besitz der Welt, sondern auch jedes mögliche liebende Desiderieren eines Zukünftigen, das aus der Welt her erwartet ist.[76] Der Tod ist die Vernichtung des natürlichen Bezugs zur Welt, der sich im amor mundi ausspricht. Damit ist, rein negativ, der Tod in der Abscheidung von der Welt so mächtig wie die Liebe, die in Gott das eigene Sein ergreift. Ioan. Ev. LXV, 1: ipsa dilectio est mors nostra saeculo, et vita cum Deo. Si enim mors est, quando de corpore anima exit, quomodo non est mors, quando de mundo amor noster exit? Valida est ergo sicut mors dilectio.

Die electio ex mundo gibt die Möglichkeit des secundum Deum vivere. In der ergreifenden caritas wird das notwendige, ontologisch begründete imitari alles Kreatürlichen zu der ausdrücklichen Angleichung an Gott (*sicut Deus*). Das ex mundo esse vernichtet zugleich die weltlich gegebene Vereinzelung und Individualisiertheit des Menschen, es macht idem, wie der Tod idem macht, weil es in dem Verschwindenlassen der Welt die Möglichkeit der iactantia benimmt, die entsprungen ist gerade aus dem Weltlichsein der creatura, in dem sie sich mit anderen mißt.[77] In dem Vorstoßen der caritas zu dem Sein als solchem, das zugleich in derselben schlechthinnigen Allgemeinheit und Allmächtigkeit das eigene Sein ist, wirft die creatura alles ihr als der spezifisch einzelnen Zugehörige ab. Conf. X, 2: abiciam me atque eligam te. Das imitari bestimmte zwar als ontologische Grundstruktur, gleich ob es recte oder perverse war, den ganzen Lebenszusammenhang. Aber es beließ jeden einzelnen Akt dieses Lebens in völliger Freiheit; das imitari selber ist unabhängig von dem vollziehenden Willen des Menschen. Des Menschen Leben und Handeln in der Welt war Funktion dieses imitari, nicht aber unterstellte er sich selbst als abhängiger ausdrücklich dieser Bestimmung. Als ontologische Struktur ist das imitari unabhängig von der Stellung des Menschen zu ihm, und es beläßt den Menschen in seiner immanenten Freiheit, solange er nicht diese Funktion, die er selber ist, ausdrücklich ergriffen hat, sich unter sie als den Entscheid über Recht und Unrecht seines Tuns gestellt hat. Er ist innerhalb der imitatio frei – natürlich nur für sich selbst, nicht für Gott; aber Gott kann als das Bestimmende alles Tuns und Lassens noch gar nicht entdeckt sein,[78] solange er das imitari in seiner Objektivität beläßt, d. h. solange er es selber nicht ausdrücklich ergreift und somit seine eigene Abhängigkeit von etwas außer ihm noch einmal besiegelt. Erst in dem ausdrücklichen Ergreifen des imitari tritt die Forderung des esse sicut Deus auf.[79] Die ewige Grenze dieses Prozesses der Assimilation ist die Äqualität,[80] es ist die Grenze der creatura als solcher. In dem Vorstoß zum eigenen Sein bleibt sie stets unterwegs, weil sie zwar electa ex mundo dennoch de mundo ist: ursprünglich in die Welt hereingeschaffen und durch dieses In-der-Welt-sein als electa von Gott, d. h. dem reinen esse getrennt. Das ist der Grund dafür, daß sie sich selbst nie als ein Ganzes (totum) haben kann. Hätte sie sich als Ganzes, so hätte sie gemäß der hier herrschenden Seinsauffassung ihr Sein; da aber für sie als Geschaffene ihr Sein nur als Ursprung da ist, so ist ihre konkrete Existenz durch die Zeitlichkeit bestimmt, in der sie sich niemals ganz fassen kann.[81] Die Äqualität ist aber zugleich das Ziel, die nie zu erreichende perfectio. Was dem Menschen als Möglichkeit bleibt, ist die immer weiter gehende similitudo.[82] Das, woran sich der Mensch assimiliert, ist Gott als das summe esse, das einfache pure Sein, vor dem alle individuellen Unterschiede verschwinden, weil sie kreatürliche sind. Das abicere me ist zugleich das similiorem esse Deo. In dieser Aktualisierung des imitari, die in der absoluten Verleugnung des weltlich vorfindlichen Selbst ihre Wirklichkeit hat, erfaßt die creatura die eigene Existenz als Gott schlechthin entgegengesetzt – was sich ausspricht in der Unmöglichkeit der Äqualität –, in einem sehr viel radikaleren Sinne als dies bei der Aufzeigung des Zusammenhanges zwischen Creator gleich esse und creatura geschah, wo die Welt und die creatura selbst schon die ewige imitatio des Göttlichen waren; hier in der ergreifenden Liebe zu dem Creator wird die Grenze, die der creatura gesetzt ist, für sie erst wirklich sichtbar und mit ihr zugleich ihre schlechthinnige *Insuffizienz* der Forderung gegenüber, die in dem a Deo creatum esse liegt, das zugleich mit dem *a Deo* ein notwendiges *ad Deum* ist. Diese Forderung in eins mit ihrer Unerfüllbarkeit ist der Ausdruck für die Abhängigkeit des Menschen von Gott und spricht sich konkret aus in der lex und der Unmöglichkeit des *implere*.

Conf. II, 9: lex scripta (est) in cordibus hominum, quam ne ipsa quidem delet iniquitas. Die lex ist die jederzeit anwesende Forderung Gottes als des Creators an seine creatura. Die lex fordert das, was die creatura von sich aus zu leisten nicht willens ist, das Vorstoßen zu dem eigenen Sein, das Erkennen der eigenen Kreatürlichkeit, und d. h. das sich als einen solchen Erkennen, der nicht einfach *ist*, sondern als in die Welt hereingeschaffen in einer spezifischen Fragwürdigkeit des eigenen Seins lebt.[83] Die lex leistet die *cognitio peccati*.[84] Ihre konkrete Forderung heißt: non concupisces.[85] Die cognitio, die die lex leistet, ist die *cognitio concupiscentiae*. Die concupiscentia ist das Ergreifen des falschen ante. Sofern die Welt früher ist als der Mensch, der in sie erst hereingeschaffen, post mundum ist, hat die Welt, wie wir oben sagten, für ihn den Charakter der Unvergänglichkeit. Der Tod nimmt ihn zwar aus der Welt heraus, läßt diese aber weiter bestehen. Die concupiscentia ergreift und begehrt diese Welt, sie liebt das Geschaffene statt des Schöpfers, indem sie die Welt propter se liebt.[86] In der rückfragenden Suche nach dem eigenen Unvergänglichsein stößt sie auf die Welt und vergißt über der Priorität der Welt die absolute Priorität Gottes.[87] Die cupiditas sieht wohl noch den Rückweisungscharakter der eigenen Existenz, die vom Tod her bestimmt sichtlich keine potestas über das eigene Sein hat, aber sie sieht nicht den Rückweisungscharakter, der alles Geschaffene, alles Bestehende, das nicht Sein schlechthin ist, kennzeichnet, auch da, wo es nicht durch den Tod der Vergänglichkeit anheimfällt. Jedes Geschaffene ist gut, sofern es betrachtet und ergriffen wird in der ursprünglichen Beziehung zu seinem Schöpfer.[88] Aber in dem amare creaturam pro Creatore wird die creatura losgelöst als eigenständiges Wesen erfaßt, so, als ob sie sich selbst gemacht hätte. Erst die dilectores mundi machen die Welt, die Gott geschaffen hat, zu der Welt, die die concupiscentia begehren kann, d. h. die concupiscentia liebt das, was die creatura allererst gemacht hat, und das ist ihr eigentliches peccatum. Indem der Mensch die Welt neu konstituiert in der amicitia mundi, konstituiert er sich zugleich mit als einen zur Welt Gehörenden, so wie er in dem amor Dei zu Gott seinem Creator gehört. Aber während er in dem amor mundi allein zu dem gehört, was er selbst gemacht hat, gehört er in dem amor Dei zu dem, der ihn allererst schuf. Und deshalb ist die superbia die perversa imitatio der celsitudo Gottes,[89] weil sie selber wähnt, Schöpfer zu sein. Der concupiscentia liegt zugrunde die *propria voluntas*,[90] die überhaupt die Möglichkeit, etwas von sich aus zu machen, bedeutet. Sofern der Mensch sich gemäß seiner propria voluntas liebt, liebt er sich nicht so, wie er sich von Gott her erschaffen vorfindet, sondern so, wie er sich von sich selbst her macht. Da er sich aber nicht selbst in die Existenz rufen kann, da er nicht ex nihilo facere kann, was nichts anderes besagt, als daß ihm die eigentliche schöpferische potestas, die zugleich das reine esse ist, fehlt, kann er sich nur auf Grund des de mundo Seins zu einem dilector mundi machen, indem er sich die Welt zu der ihm zugehörigen Heimat (patria) macht und den eremus-Charakter der Welt verleugnet.[91] Damit hat er den ursprünglichen Sinn seines Geschaffenseins verkehrt (perversitas), der gerade darin bestand, ihn über die Welt hinaus auf seinen eigentlichen Ursprung zu verweisen.

Die Verführung zu diesem Verfehlen liegt in der *consuetudo*. Conf. VIII, 12: Lex enim peccati est violentia consuetudinis, qua trahitur et tenetur etiam invitus animus eo merito, quo in eam volens illabitur. Das, was die Sünde zu einer immer wieder das Leben bestimmenden macht, ist die consuetudo, die Gewohnheit. Sofern die creatura de mundo ist, ist sie der Welt immer schon in der consuetudo überantwortet oder besser, sie ist immer schon der Versuchung, die Welt zu einer durch die dilectores mundi bestimmten Welt zu machen, erlegen. Daher wird in der consuetudo die secunda natura[92] verwirklicht, der die creatura sich nur entfremden kann, wenn sie sich auf ihren eigentlichen Ursprung besinnt. Diesen eigentlichen Ursprung will dauernd die concupiscentia in der consuetudo verdecken, indem sie, bestehend auf dem de mundo, den mundus selber zum Ursprung macht. So verführt die natura des Menschen selber ihn, sich den condita pro Conditore zu verschreiben.[93] Das Ergreifen des eigenen Ursprungs ist gebunden an den Tod, der als Index der Vergänglichkeit fungiert. Die Gewohnheit stellt sich dieser Sicht auf den Tod hin entgegen, diese Sicht wird gefürchtet wie der Tod,[94] obwohl die Gewohnheit in der Versperrung der Sicht auf den Tod und in dem Herabziehen in die Welt gerade sicher zum Tode führt.

Die Aktualisierung des reditus in der caritas ist ein eligere, das an den freien Willen gebunden ist. Indem dieser Wille den eigensten Ursprung, d. h. die äußerste Grenze der Vergangenheit will, will er aber zugleich die äußerste Grenze der eigenen Zukunft, da in bezug auf die Ewigkeit Zukunft und Vergangenheit für den Menschen zusammenfallen. Die Gewohnheit ist der äußersten Vergangenheit wie Zukunft entgegen, indem sie sich an das einmal ergriffene falsche ante hängt. Die Gewohnheit ist als das ewige Gestern ohne Zukunft. Und das Morgen ist identisch mit dem Heute. Dieser Nivellierung der zeitlich vergänglichen Existenz liegt die Angst vor der äußersten Zukunft, dem Tode zugrunde, sofern der Tod die Existenz, die sich auf die propria voluntas gebaut hat, zerstört. Er ist als die äußerste Grenze der Zukunft zugleich die äußerste Grenze der Eigenmächtigkeit des Lebens über sich selbst. Hat das Leben einmal die Welt ergriffen, d. h. hat es einmal seine eigene Kreatürlichkeit als von Gott her bestimmte verleugnet, so klammert es sich an die consuetudo, die immer nur dem einmal die Welt geliebt haben recht gibt, und die Gefährdung verdeckt, in der dieses Ergriffenhaben notwendig steht, weil es dem eigenen Sinn der creatura qua creatura widerspricht. Der Tod ist nur dort eine Gefahr, wo die Ursprungsangewiesenheit der creatura nicht entdeckt ist. Sie zu entdecken ist gerade seine Funktion. Indem die consuetudo sich an das falsche ante der Welt gehängt hat, macht sie das Leben, das sich an diese Welt und ihre Unvergänglichkeit als sein scheinbares Prius verliert, selbst zum Unvergänglichen. Es gehört in der Gewohnheit immer nur dem einmal Ergriffenen an,[95] es hat sich seiner eigenen Vergangenheit, die ja gerade das peccatum ist, verschrieben. Aber dieser lex peccati steht der Ursprung der Sünde aus dem Bestehen auf die propria voluntas entgegen. Doctr. christ. III, 15: Sed quoniam proclive est humanum genus non ex momentis ipsius libidinis, sed potius suae consuetudinis aestimare peccata [...] Das der Sünde Geneigtsein entspringt mehr aus der consuetudo als aus der libido selbst, deshalb, weil in der consuetudo die vom Menschen in der concupiscentia konstituierte Welt gewissermaßen konsolidiert wird. In der Suche nach dem eigenen Sein sucht die creatura die securitas ihres Daseins. Indem die consuetudo die äußerste Grenze des Daseins selber verdeckt und das Heute und Morgen dem Gestern gleichmacht, gibt sie in dem Sich klammern an die falsche Vergangenheit dem Leben die mala securitas.[96] Dieses proclive esse, Geneigtsein, gründet selber schon in dem post mundum esse. Gewiesen auf den eigenen Ursprung, d. h. auf die äußerste Grenze der eigenen Vergangenheit, ist das genus humanum geneigt, das falsche ante, die falsche Vergangenheit zu ergreifen; falsch deshalb, weil sie nicht das Von-wo-aus des eigenen Daseins ist. Die consuetudo, die sich immer an die Vergangenheit hängt, zeigt darin gerade die ursprüngliche Sündigkeit der propria voluntas, da die propria voluntas die Gewohnheit erst gestiftet hat,[97] um in ihr Ruhe zu finden vor dem Hinweis des Todes auf die Abhängigkeit des menschlichen Lebens als geschaffenen.

Gegen die consuetudo und ihre securitas ruft die lex[98] die *con-*

scientia auf, die ex Deo ist,[99] d. h. die Funktion hat, auf den Creator hinzuweisen statt auf die creatura. Da sie ex Deo ist, vermittelt sie den direkten Rückbezug auf den Creator. Die lex verlangt in dem non concupisces die Lösung des Menschen von allem Geschaffenen, von der Welt im weitesten Sinne. Unter das concupiscere fällt jede vom Menschen selbst in der consuetudo konstituierte Eigenwelt, die unabhängig geworden ist vom Creator. In der von der creatura konstituierten Menschenwelt steht der Einzelne nicht mehr im isolierten Bezug zu seinem eigensten Von-wo-aus, sondern er lebt in dem mit den anderen gemeinsam konstituierten mundus. Was er ist, erfährt er nicht mehr durch die conscientia ex Deo, sondern die aliena lingua,[100] er hat sich selbst zu einem Bewohner dieser Welt gemacht und damit zugleich sich selbst zu einem gemacht, der nicht mehr nur ex Deo ist, sondern das, was er ist, dieser von ihm mitkonstituierten Welt verdankt. Gegenüber dieser aliena lingua, die von außen, von dem her, was die creatura selbst erst gemacht hat, das Sein der creatura – ob mala oder bona – bestimmt, spricht die conscientia in nobis,[101] und zwar spricht sie in nobis so, daß der Angesprochene nicht fliehen kann (Ioan. Ev. XLI, 4: Non fugit se ipsam mala conscientia, non est quo eat, sequitur se). Denn die Welt, in die sie fliehen könnte, und die Gewöhnung an sie wird von der conscientia ja gerade angeklagt. Der conscientia wird die Welt wieder zur Wüste, und sie weist den Menschen aus jeder Gewöhnung an sie über sie hinaus. Die Stimme der lex an die conscientia, die als Stimme des Creator dem Menschen seine Abhängigkeit vor Augen führt, spricht immer schon zu der, an die Welt in der Gewohnheit verfallenen creatura, ruft sie auf gegen das, womit sie antea consuetudine implicatus erat (Quaest. 17 in Ev. sec. Mt. III). Die Entfremdung von der Welt ist wesentlich eine Entfremdung von der consuetudo. Solange der Mensch in der consuetudo lebt, lebt er angesichts der Welt und ist ihrem Urteil unterstellt. Die conscientia stellt ihn *coram Deo*.[102] Dem testimonium der conscientia ist

Gott allein der mögliche Richter über gut und böse. Das testimonium der conscientia ist das Zeugnis für die Abhängigkeit der creatura von Gott, das sie in sich selbst vorfindet.[103] Vor diesem inneren Zeugnis wird die Welt und ihr Urteil zunichte, vor der conscientia gibt es keine Flucht. Kein Beisammen mit der Welt und kein Heimischsein in ihr kann die onera conscientiae mindern.[104] – Indem die conscientia, getrieben von der lex Gottes in das an die Welt gebundene Leben des Menschen hineinspricht, stellt sie ihn coram Deo, vor seinen eigenen Ursprung. Der reine Bezug der creatura, unabhängig von der Aktualisierung, faßte das, worauf sie sich bezieht, als das doppelte ante, in dem Anfang und Ende des Lebens nivelliert waren. Hier, wo es für die creatura gilt, diesen Bezug allererst zu realisieren, eine Realisierung, die nur möglich ist auf Grund jenes Zeugnisses, das aus Gott selber stammt, und welche die creatura in der caritas während des konkreten Verlaufs ihres der consuetudo verfallenen Lebens, das mit Notwendigkeit zum Tode führt,[105] zu leisten hat, wird das ante in seiner Doppeldeutigkeit als redire ad Creatorem, der ante omnia ist, und als se referre ad finem, vernachlässigt zugunsten der unmittelbaren Anwesenheit Gottes im coram Deo. Zwar ist dieses coram Deo auch nur möglich auf Grund der strukturellen Zugehörigkeit der creatura zu ihrem ante, aber der Ursprungscharakter selber ist in der Aktualisierung des reditus nicht mehr verstanden als das Ewige und somit das einzelne schlechthin Umfassende, sondern als der der creatura gegenübergestellte *fordernde* Creator. Die imitatio Dei ist nicht mehr das, was das Sein jedes Geschaffenen überhaupt bestimmt, sondern ist die in der conscientia durch die lex ausgesprochene Forderung Gottes, der die creatura sich in jedem Augenblick gegenübergestellt sieht. Der Creator bestimmt als das umfassende ewige esse nicht mehr nur Anfang und Ende ihres Lebens, sondern ist in dem möglichen Ergreifen des eigenen Seins, das sich selbst aus dem Heimischwerden in der Welt reißt, als Fordernder anwesend. Erst damit wird der rein ontologisch gefaßte Gottesbegriff als des Creators = dem summe esse zu einem spezifisch christlich-theologischen. Über der im konkret vergänglichen Leben der creatura auftretenden Forderung Gottes an sie wird der ontologische Gehalt des Gottesbegriffes gewissermaßen vergessen, und der Creator wird lediglich verstanden als der schlechthin übermächtige persönliche Gott, der, weil er Creator ist, ein Recht an seine creatura hat gegen alle Möglichkeiten der Existenz, die die propria voluntas ihr bietet.

Wie aber ist dieser Umschlag des ante in das coram – wie wir einmal diesen ganzen Zusammenhang kurz nennen wollen – möglich?[106] In der Aktualisierung des Rückbezugs, die der creatura ihr eigenes Sein als Ewigkeit vermitteln soll, erfährt sie sich in einem ihr vordem unbekannten Sinn dem Sein gegenübergestellt, nämlich als *unfähig*, es von sich aus zu ergreifen. Diese Unfähigkeit ist zwar nur möglich auf Grund der immer schon bestehenden Abhängigkeit, die sich in der imitatio ausspricht; die imitatio aber besagte als solche noch nicht die Unfähigkeit, die eigene Abhängigkeit in einem positiven Sinne von sich aus zu realisieren, sich dessen, wovon man abhängig ist, ausdrücklich zu vergewissern und es anzueignen. Sie besagte lediglich, daß die creatura sich nicht selbst in ihr Sein geschaffen hat, nicht aber, daß sie das Von-wo-aus ihres Geschaffenseins nicht von sich aus in einem ausdrücklichen Sinne erreichen kann. Die Aktualisierung aber ihres Bezugs zum esse ist eine ihr selbst innewohnende Forderung,[107] und allein, sofern die creatura die Neigung hat, in der consuetudo sich der Welt zu verschreiben, tritt sie von außen an sie heran.[108] Diese Forderung ist die lex, die gebietet: non concupisces, und deren einzelne Forderungen auf diese Grundforderung zurückgehen, denn ihre Erfüllung ist die perfectio boni, die consumptio mali.[109]

Die perfectio boni ist also negativ bestimmt, weil in dem Sich-Frei-halten von der Welt das Ergreifen (eligere) des Creator selbst schon realisiert ist. Diese negative Bestimmung besagt nichts anderes, als daß dem Menschen, der auf der Suche nach seinem eigenen Sein ist, nicht alle Möglichkeiten zu Gebote stehen, sondern er in diesem Entweder-Oder steht, das in dem a Creatore und de mundo Sein schon vorgezeichnet ist. Diese lex zu erfüllen, d. h. sich reinzuhalten von den tentationes, die in dem de mundo esse, das notwendig ein post mundum esse ist, liegen, ist die creatura unfähig. Könnte sie die lex erfüllen, so würde sie immer noch secundum *suam* justitiam vivere. Die von Gott her stammende lex ist gegeben mit dem ex Deo sein der creatura selber. Aber in diesem ex Deo ist Gott das summe esse, das je eigene Sein und nicht das der creatura schlechthin entgegengesetzte, dessen Forderung gegenüber, die ihre eigene Forderung ist, sie ohnmächtig wird.[110] Hier wird die Eigenständigkeit als solche zur Sünde, nicht als Auflehnung der pars gegen das universum, sondern in dem eigenständigen Vollzug des Sich-Unterstellens selber. Damit aber ist Gott eben nicht mehr verstanden als das summe esse, das als Ewigkeit zugleich die lex aeterna in den einzelnen Teilen präsentiert, sondern als die stets gegenwärtige Autorität, der die creatura im Vollzug ihres Lebens selber ständig gegenübersteht.

Die Insuffizienz der creatura der lex gegenüber besteht nicht in einem Mangel der voluntas selbst – sofern sie nicht die Welt will, sondern den Creator, hat sie sich zu dem non concupiscere der lex schon entschieden –, sondern in einem Mangel der *potestas*. Die Erfahrung der Insuffizienz ist die Erfahrung des Auseinander von *velle* und *posse*.[111] Bei Gott fallen potentia und voluntas zusammen,[112] das Auseinander ist das Signum der Kreatürlichkeit, die das eigene Sein nicht in dem Besitz ihrer potestas hat. Da die creatura über das posse nicht verfügt, wird sie noch einmal und in einem entscheidenderen Sinne abhängig vom Creator: Es steht in seiner Macht, ob die creatura, auch wenn sie sich schon auf den Weg gemacht hat zu dem suchenden Fragen nach dem eigenen Sein, sich von der Welt schon abgewandt hat, je zu diesem von ihr selbst geforderten Ziel kommen soll, ob die Isolierung von der

Welt gelingt.[113] Auch in der bewußten Anerkennung der lex (sub lege) gewinnt die creatura nichts mehr als die cognitio peccati,[114] das peccatum als solches bleibt in der Diskrepanz von velle und posse. So leistet die lex als solche die *Demütigung* der creatura,[115] die sie fähig macht, entsprechend der neu erfahrenen Abhängigkeit den Creator noch einmal neu zu erfahren. Hatte sie in der versuchten Aktualisierung des redire in der conscientia die ihr selbst einwohnende Forderung, die lex als von dem Creator gegeben erfahren, deren Erfüllung jene Aktualisierung in aller Konkretion eben ist, so erfährt sie in der Insuffizienz der lex gegenüber den Creator noch einmal als den Geber der potestas, sie erfährt die gratia. Civ. Dei V, IX, 4: Sicut enim omnium naturarum creator est, ita omnium potestarum dator, non voluntatum [...] Quapropter et voluntates nostrae tantum valent, quantum Deus eas valere voluit. Diese potestas ist nur den volentibus gegeben (V, X, I), so wie das esse, von dem her wir stammen, *extra nos* ist; wenn auch die Forderung zu ihm als dem Ursprung zurückzukehren als conscientia in nobis ist, so kommt die gespendete potestas, welche die gratia Dei ist, von außen. Das extra nos des esse, von dem her wir sind, was wir sind, war bestimmt als das doppelte ante der Ewigkeit; die lex, obzwar ex Deo, so doch in nobis, die unserer Existenz immanente Forderung deckt die Insuffizienz der creatura auf und weist sie von neuem auf den Creator hin. Dieser erneute Hinweis entdeckt die *Sündigkeit*, die in dem Kreatürlichen liegt, die eine notwendige, der creatura anhaftende ist, sofern sie de mundo ist, also die Welt als das falsche ante immer schon in der consuetudo ergriffen hat. In der Entdeckung der Sündigkeit, die in dem a Deo creatum esse und dem daraus entspringenden redire noch nicht liegt, wird die creatura erneut unter Gott gestellt, und zwar als sündige. Diesem als sündig Gott Gegenübergestellt-sein entspricht das coram Deo esse. Das redire ad eum qui *ante* omnia erat[116] schlägt in dem Moment in das *coram* Deo um, wo die Insuffizienz der creatura der ihr einwohnenden notwendigen Forderung gegenüber entdeckt ist.[117] Und diese Insuffizienz coram Deo liegt schon in der Tatsache der lex, die als lex fordert und befiehlt. Der Diskrepanz zwischen velle und posse entspricht die Unsicherheit von *velle und nolle* (partim velle – partim nolle; Conf. VIII, 21). Das, was in der lex befiehlt, ist unsere eigene conscientia, die zugleich voluntas ist.[118] Wäre die voluntas plena, so würde sie nicht zu befehlen brauchen. Conf. VIII, 21: Quoniam voluntas imperat, ut sit voluntas, nec alia, sed ipsa. Non utique plena imperat; ideo non est quod imperat. Nam si plena esset, nec imperaret ut esset, qui iam esset. Non igitur monstrum partim velle, partim nolle, sed aegritudo animi est, quia non totus assurgit veritate sublevatus, consuetudine praegravatus. Aus dieser Unstimmigkeit des Willens selber, die aus der consuetudo stammt,[119] ist einerseits die lex als von außen her gebietend, und andererseits die damit zugleich gesetzte Unfähigkeit des Willens, ihr willfahren, verständlich. Voluntas non sat est (Ep. CLXXVII, 5).

Die lex bewirkt durch die Aufzeigung der Sündigkeit, die sie doch nicht beheben kann,[120] die erneute Hinwendung zum Creator. Diese Hinwendung ist nicht mehr ein einfaches Bezogensein auf ihn, sondern ein direktes ihn um Hilfe ansprechen. Gott fungiert nicht mehr als Creator, sondern als Geber und Helfer. Seine Hilfe ist die gratia, und sie ist nur erreichbar und annehmbar für den humiliatus, d. h. für den, der seine eigene Unfähigkeit und Inferiorität der Forderung gegenüber als sündig erkannt hat.[121] Entsprechend der nochmaligen Hinwendung in der Bitte um Hilfe ist die gratia Dei das nochmalige Aufnehmen der creatura, die er selbst geschaffen hat. Diese Aufnahme, die einer Neuschöpfung gleichkommt, ja die *Anerkennung* des Geschaffenen ist, ist die *dilectio*,[122] die nur von dem humiliatus erkannt und angenommen werden kann und in der die Versöhnung mit Gott,[123] und d. h. stets mit der aus Gott stammenden und der creatura immanenten eigensten Forderung statt hat; in ihr wird die creatura nochmals geschaffen, indem sie von ihrer Sündigkeit und damit von dem de mundo esse befreit wird.[124] Die Befreiung von dem de mundo esse gibt zwar dem Menschen die Welt wieder ganz in ihrem eremus-Charakter zu verstehen, aber er ist in ihr nicht mehr verloren, sondern vermag in dieser Wüste zu leben, da er das Von-wo-aus und damit den Sinn dieses Lebens in der caritas hat.[125] Das besagt aber: Gott gibt sich in der lex als der Ferne und in der gratia als der Nahe.[126] Diese Nähe ist der Sinn des Erdenlebens und der Menschwerdung Christi. Die caritas vollzieht also das *tendere esse*, wie die cupiditas das *appropinquare nihilo*. Aber diese appropinquatio ist ihrerseits wieder abhängig von der vorherigen Hinwendung Gottes selber. In dieser erneuten Hinwendung wird die creatura zur *nova creatura*, d. h. sie ist die mit Gott versöhnte, die zugleich mit ihrer eigenen Kreatürlichkeit versöhnt wird. Sie hat als creatura auf sich selbst Verzicht getan, sie ist nur noch die von Gott geliebte, welche Liebe sie qua creatura liebt, und nicht als das, was sie selbst von sich her vielleicht sein kann. Von sich her ist sie coram Deo immer sündig, sei es, daß sie völlig der concupiscentia verfallen ist, sei es, daß sie propria voluntate versucht, die eigene Kreatürlichkeit zu überwinden in dem suchenden Fragen nach dem eigenen Ursprung. Beide Male ist der Creator eigentlich vergessen: das eine Mal über der Welt, das andere Mal über der eigenen möglichen Eigenständigkeit. Diese Eigenständigkeit verfehlt als superbia gerade die Aktualisierungsmöglichkeit, sie vergißt das Von-wo-aus über sich selbst.[127] Superbia ergo impediebat animae reditum (Serm. CXLII, 3).

Das Erfassen und Ergreifen der gratia Dei geschieht in der caritas. Entsprechend dem notwendigen Rückbezug ist auch die caritas bestimmt durch das redamare. In diesem *re*damare allein aktualisiert sie den Rückbezug, der erst die Möglichkeit gibt, zu der Veritas des eigenen Daseins zu kommen (veritate sublevatus, consuetudine praegravatus). Erst der caritas gelingt es, in der Annahme der Hilfe des Creators, der der dator potestatum ist, die lex zu erfüllen, weil erst in der angenommenen gratia Dei die Lossagung von der Welt wirklich vollzogen wird. Conf. VIII, 9: et ignobilia huius mundi elegisti et contemptibilia et ea quae non sunt, tamquam sint, ut ea quae sunt evacuares[128] (I. Kor. 1, 27f.). Erst in dem eligere Gottes, das später ist als die creatio, aber nicht unabhängig von ihr, wird die Welt wieder das, was sie ursprünglich in der creatio war, sie wird evakuiert von dem Sein, zu dem die creatura sie gemacht hatte. Die caritas erfüllt das Gesetz, weil es für sie nicht mehr Forderung ist, sondern gerade die gratia selbst.[129] In der erneuten Hinwendung zu Gott, und zwar zu der dilectio Dei ist die lex keine fordernde und zu fürchtende mehr, da in ihr, in der liebenden Annahme der Liebe Gottes die Welt zur eremus geworden ist, und die concupiscentia so ihren Sinn verloren hat. In dieser liebenden Annahme ist die creatura mit dem Creator versöhnt, sie ist aus der Welt zu ihm zurückgekehrt, d. h. sie hat die Welt und damit sich selbst, sofern sie de mundo ist, verleugnet. In dieser *Selbstverleugnung* gewinnt sie die eigentliche Wahrheit und Sinnhaftigkeit ihres Kreatürlichseins. Civ. Dei XIV, IV, 1: Cum vero vivit secundum se ipsum, hoc est secundum hominem, non secundum Deum, profecto secundum mendacium vivit; non quia homo ipse mendacium est, cum sit eius auctor et creator Deus, qui non est utique auctor creatorque mendacii, sed quia homo ita factus est rectus, ut non secundum se ipsum, sed secundum eum, a quo factus est, viveret, id est illius potius quam suam faceret voluntatem: non autem ita vivere, quemadmodum est factus ut viveret, hoc est mendacium. Diese Selbstverleugnung kann nur die caritas leisten, weil allein in der Liebe das Wofür des Opfers gegeben ist. Nur die Liebe hat die Möglichkeit, auf die propria voluntas zu verzichten, und dieser Verzicht, der aus der Liebe entspringt, ist die Bedingung für das Ergreifen der gratia. Deshalb ist sie der voluntas, quae nobis naturaliter inest gegenüber die valentior voluntas.[130] In der Selbstverleugnung verhält sich die creatura zu sich selbst sicut Deus, sie hebt sich selbst, wie Gott sie liebt, nämlich sie haßt in sich, was sie selbst gemacht hat und liebt sich nur, sofern sie a Deo creata ist. Sie liebt in sich selbst nur die bonitas Dei,[131] den Creator selbst und haßt sich, sofern sie im liberum arbitrium die Möglichkeit hat, ihrem de mundo esse einen eigenständigen Sinn zu verleihen. Ioan Ev. CX, 6: oderat enim nos quales ipse non fecerat; et quia iniquitas nostra opus eius non omni ex parte consumpserat, noverat simul in unoquoque nostrum et odisse quod feceramus et amare quod fecerat.

3. Dilectio proximi.

Diese Selbstverleugnung spricht sich aus in dem Verhalten zur Welt. Die Welt wird als creatum geliebt, die creatura liebt in der Welt die Welt sicut Deus. Das ist die Verwirklichung der Selbstverleugnung, die zugleich jedem in der Welt, auch sich selbst, seinen eigentlichen, aus Gott stammenden Sinn zurückgibt. Diese Verwirklichung ist die Nächstenliebe.[132] Wir versuchen zu verstehen, als was der Andere in der dilectio proximi, in der aus Gott stammenden, sich selbst verleugnenden Liebe verstanden ist.

Die dilectio proximi ist die aus der caritas entspringende Verhaltung zum Nächsten. Sie geht so auf zwei Grundbezüge zurück: Sie soll erstens den Anderen lieben sicut Deus und zweitens tamquam se ipsum. Wir fragen entsprechend diesen Grundbezügen: Wie *begegnet* der Nächste der sich selbst verleugnenden creatura, und *als was* ist der Nächste in dieser Begegnung erfaßt.

Das diligere invicem ist das Gebot des Gesetzes, es ist der Inbegriff des Gesetzes, auf welches jedes einzelne Gesetz zielt.[133] Das Gesetz regelt und bestimmt das Verhalten der creatura in der Welt, sofern sie in ihr die eremus sieht und in der Bezogenheit auf den eigenen Ursprung lebt; und da diese Welt immer schon eine von Menschen konstituierte ist, bestimmt sie das Verhalten der Menschen zueinander. Die dilectio ist der Inbegriff aller einzelnen Gebote, sie erfüllt ihrem eigenen Sinn nach schon jedes mögliche

Gebot. Als dieser Inbegriff der lex ist sie geboten. Damit ist ihre Erfüllung abhängig von der gratia Dei, das *posse* diligere proximum ist abhängig von der dilectio Dei.[134] In der angenommenen Liebe Gottes hat die creatura sich selbst verleugnet, sie hebt und haßt sicut Deus. In dem Verzicht auf sich selbst verzichtet sie zugleich auf alle weltlichen Bezüge. Sie erfaßt sich selbst nur als a Deo creata und stößt alles von ihr selbst erst Gemachte, alle von ihr selbst erst gestifteten Bezüge ab. Damit verliert der Andere, der Nächste, seinen in seiner konkreten weltlichen Existenz hegenden Sinn für sie – etwa als Freund oder als Feind –: er ist in der sicut Deus liebenden dilectio für den diligens nur noch Gottes creatura, er begegnet dem von Gottes Liebe her bestimmten Menschen als a *Deo creatus*. In diese sich selbst und die eigenen Bindungen verleugnenden Liebe begegnen alle Menschen, und sie haben alle gleich viel oder besser gleich wenig Relevanz für das eigene Sein. Die an ihren eigenen Ursprung gebundene creatura liebt den Anderen weder um seinetwillen noch um ihrer selbst willen, d. h. die dilectio proximi läßt den Liebenden selbst in der absoluten *Isolierung*, und die Welt bleibt für diese isolierte Existenz die eremus. In der Erfüllung des Gebotes der Nächstenliebe wird diese Isolierung gerade in bezug auf die Welt, in der die creatura ja auch als isolierte lebt, realisiert und nicht etwa vernichtet. Da sie nicht Gott ist – die Äqualität nie erreicht –, nimmt ihr das sicut Deus alle Möglichkeiten eines wählenden Ergreifens des Nächsten.[135] Und dieses sicut Deus, das alle menschlichen Maßstäbe vernichtet, scheidet die dilectio proximi von jeder dilectio carnalis.[136]

Die dilectio proximi aber als das Gebot der Selbstverleugnung macht nie verständlich, wie es für die absolut isolierte creatura überhaupt noch einen proximus geben kann. Die Frage nach dem eigenen Ursprung fragt, so sahen wir, über die Welt hinaus und stößt in diesem Über-die-Welt-hinaus auf das absolute ante, den Creator, der in der Aktualisierung im coram Deo konkret erfaßt wird. Die Frage nach dem Ursprung fragt aber mit dem Über-die-

Welt-Hinausfragen auch über jeden geschichtlichen, also der Welt immanenten Ursprung hinaus. Der geschichtliche Ursprung wäre gerade die Weltlichkeit der creatura. Er entspräche dem de mundo esse und wäre auch in der weitgehendsten Sublimierung nur das Ergreifen des falschen ante (cupiditas) – falsch, aber nicht *sinnlos*, denn der Sinn der cupiditas liegt ja gerade in dem faktischen post mundum esse. Die absolute Isolierung der creatura coram Deo, die die Aktualisierung des reditus schafft, läßt wohl noch verstehen, wie die von Gott gebotene dilectio die Realisierung der Selbstverleugnung ist, weil an ihr faktisch auf jedes eigenständige Erwählen und auf jeden ursprünglich konstituierten Bezug zu der Welt verzichtet ist; es ist aber nicht mehr verständlich, wie in dieser sich selbst und damit zugleich die Welt verleugnenden Liebe der Andere noch als *Nächster*, und d.h. immer in einer spezifischen Zugehörigkeit verstanden werden kann. Wir werden im dritten Teil sehen, daß der Andere als Nächster der caritas socialis begegnet, und zwar auf Grund der ursprünglichen Zugehörigkeit der Menschen zueinander, die gestiftet ist in der allen gemeinsamen geschichtlichen Abstammung von Adam. In dieser Zugehörigkeit, die allerdings de mundo ist, erhält der Nächste auch in der selbstverleugnenden Liebe eine bestimmte Relevanz. Wir schieben diese Unstimmigkeit, die entsprungen ist aus der absoluten Isoliertheit der creatura coram Deo an dieser Stelle deshalb beiseite, weil wir von der hier geschilderten Position Augustins aus die Relevanz des proximus nur als de mundo verstehen und damit dem eigentlichen Ursprung, den diese Relevanz bei Augustin hat, nicht gerecht werden könnten.

Die selbstverleugnende Liebe liebt unter Verzicht auf sich selbst, und das besagt, sie liebt alle Menschen in der absoluten Unterschiedslosigkeit, die ihr die Welt zur eremus werden läßt. Und sie liebt sie tamque se ipsum. In der Aktualisierung des Rückbezugs gewinnt die creatura ihr eigenes Sein. Sie erfaßt sich, die sie a Deo zugleich ad Deum ist, in ihrem coram Deo esse. Nur aus dieser rückgreifenden Erfassung des eigenen Seins und der in ihr vollzogenen Isolierung stammt die dilectio fraterna (frater = proximus). Die Vorbedingung zu einem rechten Erfassen des Nächsten ist das rechte Erfassen seiner selbst. Nur wo ich mich der Wahrheit des eigenen Seins versichert habe, kann ich den Nächsten in seinem eigentlichen Sein, das also das creatum esse ist, lieben. Und sofern ich in mir nicht mich selbst liebe, den ich als einen der Welt Verhafteten schuf, liebe ich den Anderen nicht in seinem konkret weltlichen Begegnen, sondern liebe in ihm sein creatum esse. Ich liebe nicht einfach ihn, sondern etwas in ihm, das gerade, was er selber von sich her nicht ist. Ioan. Ep. tr. VIII, 10: Non enim amas in illo quod est; sed quod vis ut sit. Damit ist nicht nur die Isoliertheit des Liebenden gewahrt, der auch vom Nächsten nur angegangen wird, sofern er in ihm Gott liebt,[137] sondern die Liebe selber hat für den Anderen nur den Sinn, ihn in diese Isoliertheit – coram Deo – zu rufen.[138] Der Liebende macht den Geliebten zu einem *aequalis* sibi,[139] und liebt in ihm diese Äqualität, gleich, ob jener sie versteht oder nicht.[140] Die selbstverleugnende Liebe verleugnet also den Anderen wie sich selbst, aber sie *vergißt* ihn nicht (siehe 61, S. 45 f.). Dem Verleugnen entspricht das volo ut sis und das rapere ad Deum. Sie verleugnet ihn, um zu seinem eigentlichen Sein vorzustoßen, so wie sie auf der Suche nach sich selbst sich selbst verleugnete. Dabei ist folgendes zu beachten: In der Selbstverleugnung ist die adäquate Erfahrung des eigenen Ursprungs lebendig, sie ist das Selbstverständnis der ursprünglichen Sinnhaftigkeit und Sinnbelastetheit des eigenen Daseins. Das Verleugnen des Anderen aber ist nicht das Ende eines Prozesses, nämlich der Rückfragung, sondern der Anfang. Das Verleugnen will der Anstoß sein für die Selbstverleugnung, bzw. im Verleugnen, das ein Erfassen des Seins des Anderen ist, wird auf dieses Sein als ein ihm ursprünglich zugehöriges hingewiesen. Die dilectio proximi ist also die konkrete Verwirklichung des Rückbezugs über die Welt hinaus, und in eins damit stößt sie den Anderen aus der Welt, in der er den Sinn seines Seins sieht. Entsprechend dem Sinn von Sein = Ewig-sein liebt sie den Anderen nicht als *moriturus*, sondern das in ihm, was *ewig* ist, sein eigenstes Von-wo-aus.[141] Conf. IV, 18: Si placent animae, in Deo amentur, quia et ipsae mutabiles sunt et illo *fixae* stabiliuntur: alioquin irent et perirent. In diesem Festgemachtwerden hat das Geliebte seinen ursprünglichen Sinn. Der Liebende greift über den Geliebten zu Gott, in dem allein seine Existenz und zugleich seine Liebe ihren Sinn hat. Der Tod ist für die dilectio proximi ohne Bedeutung, denn der Tod, der ihn aus der Welt herausnimmt, tut nur das, was sie von sich aus in der Liebe zu dem Sein, das in ihm als sein Ursprung lebendig ist, ohnehin getan hat. Der Tod ist ferner irrelevant für diese Liebe, weil jeder Geliebte nur *Anlaß* ist für die Liebe zu Gott. An jedem einzelnen Menschen wird derselbe Ursprung geliebt, jeder einzelne ist diesem identischen Ursprung gegenüber nichtig. So kann der Christ alle Menschen lieben, weil jeder nur ein Anlaß ist, und dieser Anlaß kann jeder sein. Die Stärke der Liebe bewährt sich gerade darin, auch den Feind, auch den Sünder in der Liebe nur als Anlaß zu verstehen. In dieser dilectio proximi wird eigentlich nicht der Nächste geliebt, sondern die *Liebe selbst*.[142] Und damit ist die Relevanz des Nächsten als Nächsten, die wir oben als Unstimmigkeit kennzeichneten, wieder aufgehoben und der Einzelne in der Isolierung belassen.

Zusatz zum zweiten Teil (S. 64).

Diesen Weltbegriff übernimmt Augustin aus der Tradition und in zwingendem Zusammenhang mit der Interpretation des Seins gleich dem Bestandhabenden. Zwar kennt Plato noch einen Anfang der Welt, da der Kosmos γενόμενος ist.[143] Aber dieses γενέσθαι ist ἀεί und besteht in der μίμησις des αἰών.[144] Bei Augustin wird dann diese μίμησις der Ausdruck des Gewordenseins, der Ausdruck der Abhängigkeit des Gewordenen vom Schöpfer. Das Werden selber ist nicht ἀεί, sondern bestimmt nur strukturell das Gewordene.[145] Bei Plato ist der χρόνος selber als die Gestirnsbewegung diese μίμησις.[146] Damit ist der Kosmos als das ewig währende, sich selbst stets gleich bleibende Spiegelbild des Ewigen (εἰκών)[147] zwar nicht unabhängig von diesem Ewigen selbst, sofern er und alle seine Teile nur καθ' ἕν, in bezug auf das Eine sind,[148] aber er hat in dieser μίμησις schon sein ewiges Sein und seine ewige Seinsberechtigung. Er ist in diesem ἀεὶ γενέσθαι unabhängig von seinem eigenen Anfang. In dem ἀεὶ γενέσθαι erreicht er sozusagen ständig, soweit dies ihm überhaupt als εἰκών möglich ist, den αἰών, von dem her er ist. Der αἰών bleibt für ihn das ewige παράδειγμα.[149] Und so ist der Kosmos auch schon bei Aristoteles ohne Anfang.[150] Der Kosmos ist hier die σύστασις selber und als solche ewig. Veränderlich sind nur die διαθέσεις,[151] die platonischen μόρια. Die σύστασις selber ist früher und unabhängig von den διαθέσεις, sie ist als Ganzes früher als ihre Teile. Die σώματα sind πεπερασμένα und als solche nicht unveränderlich. Die ἀρχή aber ist ewig,[152] d.h. sie ist hier in konsequenter Weiterführung des platonischen Ansatzes die σύστασις. Sie ist nicht mehr außerhalb des Kosmos, sondern das Unveränderliche am Kosmos.[153] Dieser Kosmos ist περὶ τὴν γῆν, der schlechthin Umfassende.[154] Die Polemik gegen den Timaios besagt gerade, daß im Entstehen des Kosmos eigentlich der Kosmos als σύστασις schon vorweggenommen sei.[155]

Den eigentlichen Zusammenhang mit Augustins Theorien aber finden wir erst in der Ausformung des Kosmosbegriffes durch Plotin, auf den hier auch nur ein kurzer Verweis gegeben werden soll,[156] der aber für unsere Zwecke genügt. Auch für ihn ist der Kosmos ἀεί. Die μίμησις ist bestimmt als ἐν τῷ γίγνεσθαι;[157] das γίγνεσθαι ist also auch hier ein ewiges, das in dauerndem Bezug zu dem πρόσθεν bleibt, aber dieser Bezug hat nicht mehr die Möglichkeit, noch einmal aktualisiert zu werden. Die Abbiegung des μίμησις-Begriffes bei Augustin, daß nämlich das imitari nicht mit dem fieri zusammenfällt, sondern gewissermaßen erst an der Existenz des Menschen einsetzt, ist gerade charakteristisch für die nicht konsequente Erfassung der Welt im Sinne des antiken Kosmos. Plotin ist orientiert an der Frage nach der Eingliederung des Menschen in den Kosmos, der für ihn das ἀεί und πρόσθεν ist, wie auch in einem gewissen, aber nicht ausschließlichen Sinne für Augustin. Der Mensch ist in der τάξις des Kosmos, er kann der τάξις keinesfalls entfliehen,[158] sondern jedes negative, jedes κακόν ist nur ein πρὸς σμικρότερον,[159] das dann zum φθείρειν führt, aber zum φθείρειν nur deshalb, weil er die τάξις, in der er sein Sein hatte, nicht hat φέρειν können.[160] Dem Kosmos, der τάξις τοῦ ὅλου, entspricht bei Augustin der homo ordinatissimus und die pars, die turpis wird, wenn sie suo universo non congruit (Conf. III, 15). Und auch bei Plotin entsprechen, wie bei Platon und Aristoteles, dem ὅλον die μέρη.[161] Für Augustin ist Plotin gerade darum entscheidend, weil er in der Übernahme der Tradition die Frage nach der Stellung des Menschen im Kosmos, nach dem möglichen φθείρειν und κακόν neu stellt.

Dritter Teil. Vita socialis.

Ausgehend von der Tatsache, daß die innerweltliche caritas des Christentums gebunden ist an die Liebe zu Gott, haben wir zwei verschiedene Gedankenreihen Augustins verfolgt, die die jedesmal andersgeartete Verbundenheit des Menschen mit Gott darstellen sollten, mit dem Erfolg oder eigentlich Mißerfolg, daß die Nächstenliebe in ihrer eigentlichen Relevanz unfaßbar blieb. Die Nächstenliebe ist dem überlieferten Gebot gemäß sowohl an die Gottesliebe wie an das tamquam se ipsum gebunden. Dieses tamquam se ipsum faßt Augustin an allen Stellen, wo er von der dilectio proximi spricht, in einer ihm spezifischen Ausdrücklichkeit. So konnte die Selbstvergessenheit des appetitus, aus der Ewigkeit zurückkehrend, den Nächsten wie sich selbst nur noch in der absoluten Distanz sehen, weil jede ursprüngliche Bezogenheit in der Selbstvergessenheit mitvergessen war. Und so mußte die Selbstverleugnung des Rückbezugs, der der creatura ihren Sinn nur in der völligen Isoliertheit gibt, die schon der Anfang der Selbstverleugnung ist, zugleich mit sich auch den Anderen verleugnen. Es bleibt die Frage: Warum spielt die dilectio proximi trotz der wiederholten Unstimmigkeiten eine so große Rolle bei Augustin auch in diesen ihr originär fremden Zusammenhängen und gerade in ihnen? Gibt es vielleicht noch einen anderen, von diesen in seinem Ursprung ganz losgelösten Erfahrungszusammenhang, in dem der Nächste gerade eine spezifische Relevanz hat, die zwar theoretisch durch unsere obigen Ausführungen aufgehoben scheint, de facto aber bei Augustin sich auswirkt, und aus der heraus sein eigenes Interesse gerade an diesem Stück der christlichen Tradition geklärt werden könnte?

Ep. Ioan. tr. I, 3: Illi viderunt, nos non vidimus, et tamen socii sumus; quia fidem *communem* tenemus. Die wahre societas gründet auf der Tatsache des gemeinsamen Glaubens. Die societas der Gläubigen ist demnach in einer ersten nur beobachtenden Orientierung ausgezeichnet durch zwei Merkmale: Sie wird erstens gegründet durch etwas, was prinzipiell nicht Welt ist und ist somit die Gemeinschaft mit den Anderen nicht auf Grund ihrer vorgegebenen Wirklichkeit in der Welt, sondern auf Grund einer spezifischen Möglichkeit; und da zweitens diese Möglichkeit die radikalste menschlichen Seins überhaupt ist, fordert diese Gemeinsamkeit der communis fides, die in dem diligere invicem sich verwirklicht, den *ganzen* Menschen – im Gegensatz zu allen weltlichen Gemeinschaften, sofern sie civitates sind, die immer nur eine einzelne Seinsbestimmung isolieren, in Hinblick auf die die Gemeinschaft eine Gemeinsamkeit ist –, sie fordert den ganzen Menschen, wie Gott ihn fordert.[1] Der Glaube also, von dem gesagt wird, daß singuli suas habent,[2] ist zugleich so radikal die communis fides, daß jeder Andere auch nur verstanden wird auf seine mögliche fides hin, die ihn zu einem socius machen würde. Und diese fides ist zugleich verstanden – wie der zweite Teil zeigte – als eine letzte und radikalste Möglichkeit menschlichen Seins. – Wir sahen aber, daß gerade dieser Glaube den Einzelnen in die Isolierung coram Deo stößt, und wenn auch alle dasselbe glauben – roh gesagt –, so ist dieses *Zusammen* für das Sein des Einzelnen irrelevant (singuli suas habent). Die einfache Selbigkeit Gottes, an den alle glauben, bewirkt noch keine Gemeinsamkeit der Gläubigen. Von welchem Blickpunkt aus wird das pure Zusammen der Gläubigen zu einer fides communis, d. h. zu einer Gemeinsamkeit des Glaubens selber, die sich mit allen Menschen verbrüdert (jeder ist der Nächste), auch mit dem Ungläubigen? Erst dieser Frageansatz wird uns die Erfahrungsgrundlage vermitteln, von der aus die christliche Gemeinsamkeit entscheidend ist für den einzelnen Gläubigen. Woher – so fragen wir weiter – stammt diese Erfahrungsgrundlage, die aus der immanenten Glaubensdialektik nicht mehr eruierbar ist?

Während sowohl der appetitus wie der Rückbezug jedesmal nur ein Sich-Verhalten und Ergreifen einer eigenen Möglichkeit war, deren Realisierung allein abhängig blieb von der Gnade Gottes, ist hier der Glaube als Glaube an ein bestimmtes, konkret geschichtliches *Faktum* gebunden. Nicht das quaestio mihi factus sum läßt den Nächsten in der für das Liebesgebot notwendigen Relevanz erscheinen – wie das geschieht, wird im Verlauf dieses Kapitels näher ausgeführt werden –, sondern eine *geschichtlich* vorgegebene Realität, die als solche auch für den Erlösungstod Christi verbindlich ist und ihn zugleich selber erst zu einer solchen Realität macht. Die Differenz des Blickpunktes ist vorerst also aus einem möglichen doppelten Verständnis von Glauben ersichtlich: dem Glauben, verstanden als Verhaltung des Einzelnen in der Frage nach dem je eigenen Sein, steht hier eine Auffassung der fides gegenüber, die sie gebunden sein läßt an die Faktizität der Geschichte, der Vergangenheit als solcher.

Der Erlösungstod Christi erlöste nicht einen einzelnen Menschen, sondern die ganze Welt, den mundus, verstanden als die von den Menschen konstituierte Welt. So sehr also auch der Glaube den Einzelnen isoliert, das, *woran* die fides glaubt, eben an die Erlösung durch Christus, das ist in eine schon gegebene Welt gekommen und damit in eine schon gegebene societas. Der Glaube nimmt den Menschen aus der Welt heraus, besagt somit, er nimmt ihn aus einer bestimmten Gemeinschaft mit Menschen heraus, aus der civitas terrena. Diese *civitas terrena*, die immer zugleich eine societas ist,[3] d. h. bestimmt durch ein Mit- und Füreinander der Menschen und nicht durch ein einfaches Nebeneinander, ist nicht willkürlich gesetzt und ebenso willkürlich wieder aufhebbar, sondern sie ist begründet auf eine zweite geschichtliche Tatsache, die allein auch die geschichtlich wirkliche und wirksame Realität Christi ermöglicht[4] (ermöglicht im Sinne des Heilsplans Gottes), auf die gemeinsame Abstammung von *Adam*, auf der eine bestimmte und verbindliche[5] *Äqualität* aller Menschen miteinander beruht. Die Äqualität besteht, weil in ipso Adamo genus humanum tamquam radicaliter institutum est (de Gen. ad Litt. VI, 14). Radicaliter besagt, daß niemand aus dem genus humanum sich dieser Herkunft entziehen kann, und es besagt ferner, daß in dieser *Herkunft* die wesentlichste Bestimmung des menschlichen Daseins ein für allemal konstitutiv festgelegt ist.[6] Also nicht eine zufällige Ähnlichkeit (similitudo) verbindet die Menschen, sondern diese Ähnlichkeit selber ist notwendig begründet und geschichtlich festgelegt in der gemeinsamen Abstammung, die eine über alle bloße Ähnlichkeit hinausgehende *Verwandtschaft* bedingt.[7] Diese Verwandtschaft schafft die Äqualität, die weder eine Gleichheit der Eigenschaften oder der Anlagen ist, sondern die Äqualität der *Situation*. Alle haben das gleiche Schicksal. Der Einzelne ist nicht allein in der Welt, sondern er hat Schicksalsgenossen (consortes), und dies nicht nur in dieser oder jener Lage, sondern während seines ganzen Lebens. Das ganze Leben ist als eine bestimmte schicksalhafte Situation gesehen, als die Situation der Sterblichkeit.[8] In ihr beruht die Verwandtschaft der Menschen und zugleich ihre Bundesgenossenschaft (societas).

Aus der Äqualität, die in der civitas terrena noch unausdrücklich verbleibt, ist das Aufeinanderangewiesensein der Menschen verständlich, das das Miteinander der Menschen in der weltlichen Gemeinschaft wesentlich bestimmt. Diese wechselseitige *Angewiesenheit* zeigt sich in dem wechselseitigen Geben und Nehmen, in dem die Menschen miteinander leben.[9] Das Verhalten der Einzelnen zueinander ist hier durch *credere* gekennzeichnet, im Gegensatz zu jedem Wissen oder möglichen Wissen.[10] Jedes Historische, alle gesta humana et temporalia werden erfaßt durch dieses Glauben, das zugleich ein Vertrauen ist, nie aber durch intelligere. Dieser Glaube an den Anderen ist der Glaube an das zukünftige Miteinandersein, in dem er sich *bewähren* soll. Auf dieses Bewähren ist jede civitas terrena angewiesen. Das credere, entspringend aus der Angewiesenheit aufeinander, ist früher als jede mögliche Bewährung.[11] Nicht die Bewährung selber, sondern der notwendige Glaube an sie, ohne den jedes Miteinandersein unmöglich würde,[12] ist konstitutiv für das Bestehen des genus humanum.

Das weltliche Aufeinanderangewiesensein hatte die Äqualität immer schon zu seiner Voraussetzung, aber sie war selber in der Konstitution der societas terrena nie thematisch erfaßt. Unausdrücklich ist die Gleichheit der Situation, solange der Tod nur ein naturhaftes Faktum ist und nicht der Index des Sündigseins, d.h. solange der Einzelne die eigentliche Bedeutung der Äqualität nicht weiß. Erst in dem Wissen um die Relevanz der Gleichheit kann das Aufeinanderangewiesensein und die Abhängigkeit der Menschen voneinander abgelöst werden durch die Isolierung, in der der Einzelne nach seinem Sein fragt. – Aus der *Verdeckung* der Äqualität entsteht die Frage: amici tui erga te quibus oculis vides? Nulla enim voluntas corporeis oculis videri potest (De Fid. rer. 2). Hier entspricht dem credere (siehe Anm. 12, S. 135) das non videre posse wie an anderem Ort das non intelligere posse (siehe Anm. 10, S. 135). Das videre ist eine Möglichkeit der Erkenntnis, die als videre gerade eine sichere Evidenz hat. Den Willen des Anderen erga se zu wissen, ist aber relevant nur in dem Aufeinanderangewiesensein. In der Gleichheit aller Menschen vor Gott, die in der dilectio proximi thematisch gemacht ist, ist diese voluntas erga se, die freundlich oder feindlich sein kann, so gleichgültig wie das weltlich konkrete Begegnen des Anderen als Freund oder Feind überhaupt. Jede Frage nach dem Anderen fragt hier gerade nicht nach seiner weltlichen Bedeutsamkeit, sondern nach seinem Sein vor Gott. In diesem Sein vor Gott aber sind alle Menschen aequales, gleich sündig.

Die gemeinsame Herkunft ist das gemeinsame Teilhaben an dem *peccatum originale.* Diese Sündigkeit, die mit der Geburt mitgegeben ist, haftet dem Menschen notwendig an. Aus ihr gibt es kein Entfliehen. Sie ist die gleiche bei allen Menschen. Die Äqualität der Situation besagt, daß alle Menschen in der Sünde sind. Totus ergo mundus ex Adam reus. (C. Jul. Pel. VI, 5). Diese Gleichheit ist das Übermächtige, das alle Unterschiede vernichtet. Daher bestehen, so viele einzelne Staaten und Gemeinschaften es auch geben mag, in Wahrheit immer nur die zwei civitates,[13] die gute und die schlechte, die auf Christus oder auf Adam gegründete, wie es nur zwei amores gibt, den amor mundi bzw. sui und den amor Dei.[14] Jeder Einzelne gehört immer schon zu Adam und damit zum genus humanum, und dies *generatione* nicht imitatione;[15] die Möglichkeit des imitari und damit der freien Wahl der Gnade Gottes (s. Teil II) gibt es erst, seit Christus diese Gnade den Menschen in seinem geschichtlichen Wandel auf Erden offenbart hat. Die Freiheit der Wahl ruft zwar den Einzelnen aus der Welt und aus dem notwendigen Verwurzeltsein in der societas des genus humanum zurück, aber sie kann die einmal gesetzte Äqualität der Menschen damit nicht aufheben, sie verleiht ihr nur einen neuen Sinn. Dieser neue Sinn ist eben die dilectio proximi. Das aber besagt: das Miteinander der Menschen in der Gemeinschaft wird aus einem notwendigen und selbstverständlichen zu einem frei ergriffenen und für den Einzelnen verbindlichen. Verbindlich wieder auf Grund der gemeinsamen Situation, die in ihrer Ausdrücklichkeit zu dem gemeinsamen In-der-Sünde-sein wird. Diese Gemeinsamkeit macht jeden zu jedem gehörig.

Um den Umschlag des Verhaltens des Einzelnen zu seiner Umwelt und um die neue entscheidende Wichtigkeit der Äqualität aller Menschen näher und konkreter zu verstehen, die in ihrer Wichtigkeit auch für den von der Welt isolierten Christen besteht, müssen wir zusehen, wie die societas des von Adam bestimmten genus humanum beschaffen ist, und was für ein Miteinander das neue Gebot Christi bestimmt.

Die Gemeinschaft der Menschen untereinander, die auf Adam zurückgehend den mundus bildet,[16] ist immer vor jeder civitas Dei die frühere.[17] Die Gemeinschaft der Menschen, der der Einzelne generatione angehört, ist immer schon vorgegeben. Generatione hat er somit auch schon die Sündigkeit übernommen: Vor jeder freien Wahl ist sein Sein sündig. Die Gleichheit der Menschen ist nicht nur die Gleichheit der zufällig miteinander Lebenden, sondern sie erstreckt sich bis auf die äußerste geschichtliche Vergangenheit.[18] Wie die creatura aus der äußersten unweltlichen Vergangenheit als ihrem Ursprung ihr wahres, von Gott geschenktes Sein hat, so hat der geschichtliche, in hoc saeculo existierende Mensch sein Sein aus der ersten geschichtlich konstituierten Vergangenheit, von dem ersten Menschen. Diese *geschichtliche* Welt (saeculum) ist die allen selbstverständliche Welt des Miteinander.

In der auf Adam gegründeten societas hat der Mensch sich unabhängig gemacht von seinem Creator. Er ist auf andere Menschen angewiesen, nicht auf Gott. Das genus humanum hat seinen Ursprung in Adam und nicht im Creator. Es ist entstanden generatione und hat den Bezug zu seinem Ursprung nur durch alle Generationen hindurch. Die Gemeinschaft der Menschen, gegründet auf ihre Verwandtschaft, ist also eine societas von den Toten her und mit den Toten. Das aber heißt, sie ist geschichtlich. Die Unabhängigkeit dieser Welt von Gott gründet gerade in dieser Geschichtlichkeit, d.h. hier: in dem eigenen Ursprung der Menschheit, der seine eigene Legitimation hat. Ihre Sündigkeit ist gerade der eigene, von Gott unabhängige Ursprung. Dieser Ursprung aber bezeichnet nicht die direkte Herkunft aus dem Sein, von dem her der Mensch erst ist, sofern er überhaupt ist (creatura – Creator), sondern er ist der Ursprung des ganzen Menschengeschlechtes, der dem Einzelnen nur indirekt, generatione überkommen ist. Diese Indirektheit, daß nämlich nur über alle

Menschen hinweg, durch die ganze geschichtlich gewordene Welt hindurch der erste Mensch, die Herkunft tradiert ist, erst diese Indirektheit begründet einmal die Äqualität aller Menschen, weil nur in dem Tradieren von einem zum anderen die Herkunft überhaupt (und damit das Teilhaben an dem peccatum *originale*) für den einzelnen als Ursprung ist, und sie begründet ferner durch dieses notwendige Tradieren die schicksalshafte Verwandtschaft und damit das Aufeinanderangewiesensein des ganzen genus humanum, auf dem die societas beruht. Diese societas ist also zugleich *natura* gegeben und *geschichtlich* begründet. Daß der Mensch seiner *Natur* nach ein soziales Wesen ist,[19] besagt zugleich, daß er – gesehen in dieser nur ihm eigenen Ursprunghaftigkeit – sowohl natura wie generatione (d. h. geschichtlich) mit der Welt vertraut ist. Seine Natur hat qua Natur ihren geschichtlichen Ursprung in Adam. Diese *doppelte* Vertrautheit mit der Welt wird in der civitas coelestis aufgehoben.

Wir sehen also, daß in dem Ansatz Augustins, der das Sein des Menschen als soziales in einem ursprünglichen Sinn fassen will, der Ursprung des Seins selbst von dem im zweiten Teil abgehandelten völlig verschieden ist. In der Frage nach dem Sein der creatura wird nach dem Sein des *Einzelnen* gefragt und die Frage selbst schon in der völligen Isoliertheit gestellt. Die Frage nach dem Sein des Menschen unter Menschen fragt nach dem Sein des *genus humanum* schlechthin. Die Frage nach dem Sein verweist beide Male auf die letzte Grenze der Vergangenheit. Aber während die creatura sich in ihrer letzten Vergangenheit als *außerweltlich* versteht, versteht sich der Mensch, sofern er der societas der Menschen angehört, auch und gerade in seiner letzten Vergangenheit noch *weltlich*. Sein Ursprung ist zugleich der Beginn des mundus überhaupt in dem peccatum originale durch Adam. Sein Ursprung ist zugleich der Ursprung der Sünde und der Abfall von Gott, denn seine Herkunft selber ist bestimmt durch *generatio* und nicht durch *creari*. Die Welt ist nicht mehr das schlechthin Fremde, in das der Einzelne hineingeschaffen ist, sondern das durch Verwandtschaft in der generatio immer schon Vertraute und ursprünglich Zugehörige. In diesem Verständnis vom Sein des Menschen wird die verpflichtende Funktion der Äqualität verständlich. Ep. CXXX, 13: Ita nemo est in genere humano cui non dilectio, etsi non pro mutua caritate, pro ipsa tamen communis naturae societate debeatur. Diese dilectio ist nur ein Ausdruck für die Angewiesenheit der Menschen aufeinander. Aber wie soll die Äqualität, die im christlichen Sinne gerade auf das falsche ante (siehe Teil II), auf die Sünde gegründet ist, verbindlich werden auch für den vom Glauben Ergriffenen, für die creatura, die sich in ihrer Ursprungsangewiesenheit auf das Außerweltliche schlechthin, auf den Creator angewiesen weiß? Oder: wie kann eine Vergangenheit verbindlich werden, die gerade totaliter zunichte gemacht werden soll?

Das, was den Bezug des Menschen auf seinen Ursprung als den Bezug der creatura auf den Creator faktisch erst ermöglicht, ist ein geschichtliches Faktum: die Offenbarung Gottes in Christo. Als ein geschichtliches Faktum offenbart sie sich dem mundus, dem Miteinander der Menschen, einer geschichtlichen Welt. So sehr der Glaube als coram Deo esse den einzelnen aus der Verstrickung in den mundus zurückruft, so sehr ist auch die Heilsbotschaft als solche zu allen Menschen, in diese von ihnen konstituierte Welt gekommen. Ep. Ioan, V, 12: frater tuus est, simul empti estis, unum est pretium vestrum, ambo sanguine Christi redempti estis. Das simul, das Zugleich des Losgekauftseins weist auf die Äqualität hin, in der alle Menschen von Christus in der Welt angetroffen werden.[20] Denn diese Äqualität besagt ja: Teilhaben an dem peccatum originale. Von dieser Teilhaberschaft, die in der gemeinsamen Herkunft gründet, wird die Welt zwar erlöst, aber ohne Verdienst irgendeines Einzelnen: Erlöst sind alle zusammen, so wie sie alle zusammen in der gleichen Situation getroffen wurden. Zugleich mit dieser Erlösung wird allererst diese gleiche Situation, die die Äqualität ist, offenbar und durchsichtig für den Menschen. Das Offenbarwerden der Äqualität in der neuen Situation des Erlöstseins ist identisch mit dem neuen Wissen um die eigene Vergangenheit, die Sünde ist. Die Gleichheit der Menschen vor Gott, die der Äqualität in der Sünde entspricht, beruht auch während des durch Christus bestimmten Lebens auf der gleichen sündigen Vergangenheit. Diese sündige Vergangenheit hat die civitas terrena gegründet und hat damit die Welt zur Heimat für das Aufeinanderangewiesensein der Menschen gemacht. Jede mögliche Fremdheit des Christen in der Welt ist immer eine Entfremdung, denn das Selbstverständliche ist das Beheimatetsein in ihr.[21] Die sündige Vergangenheit ist also allen gemeinsam, und sie allein konnte auch das Miteinander in einer civitas festlegen.[22] Die Vergangenheit ist also nicht, wie es schien, einfach zunichte gemacht, sondern sie ist als gewesenes Sündigsein gerade absolut verbindlich. Sie bleibt nicht pures Vergangensein, sondern wird in der Umdeutung aus der neuen Seinssituation des erlösten Menschen noch einmal neu erfahren. Nur in dieser Umdeutung bleibt sie als Vorgegebenheit selbständig neben dem neu erfahrenen Sein bestehen, und nur aus dieser Vorgegebenheit erhält der Nächste seine spezifische Relevanz. Er ist die ständige Mahnung an die eigene Sünde, die damit, daß sie durch die gratia Dei Vergangenheit geworden ist, nicht aufhört, Sünde zu sein. Er ist die lebendige Warnung vor der superbia,[23] weil er nie in seinem innerweltlichen Vorkommen verstanden ist (siehe Teil I und II, Abschn. 3), sondern stets nur als der, in dem Gott schon die Gnade gewirkt hat – und damit ist die Demut vor der Gnade in eins mit der Liebe geboten – oder als der noch in der Sünde Verfangene – und damit ist er nichts anderes als das, was der Christ auch war, woraus er allein durch Gottes Gnade gerettet ist. Im letzten Fall ist der Nächste das Zeichen der *eigenen Gefahr* zugleich mit dem Hinweis auf die eigene Vergangenheit.[24] Die Äqualität wird also durch die Heilsbotschaft nicht nur nicht aufgehoben, sie wird vielmehr in einem ganz bestimmten Sinne ausdrücklich gemacht. Diese Ausdrücklichkeit der Gleichheit ist enthalten in dem Gebot der Nächstenliebe. Weil der Andere im Grunde dir gleich ist, d. h. die gleiche sündige Vergangenheit hat wie du, deshalb sollst du ihn lieben.[25] Das aber heißt: erst die *Vergangenheit* macht die pure Selbigkeit des Glaubens zur communis fides.

Ferner: lieben sollst du ihn nicht um seiner Sünde willen, die ja eigentlich der Ursprung der Äqualität war, sondern um der Gnade willen, die sich in ihm wie in dir (tamquam te ipsum) offenbart hat. So gewinnt die Äqualität einen neuen Sinn, indem sie ausdrücklich gemacht wird. Sie wird zur *Äqualität der Gnade*. Aber es ist nicht mehr dieselbe Gleichheit, denn während die Verwandtschaft aller Menschen vor Christus von Adam her generatione *erworben* war, ist es hier die sich offenbarende Gnade Gottes, die alle gleich macht, indem sie die allen gleiche sündige Vergangenheit aufzeigt. So sehr also die Äqualität erst in der Gnade sichtbar wird, so ist sie selber doch auf das Vergangene gegründet. Nur aus der Tatsache dieser Vergangenheit, die der mundus im weitesten Sinne ist, ist die verpflichtende Gleichheit der Menschen auch coram Deo zu verstehen.

Daß die gleiche sündige Vergangenheit auch für den Stand in der Gnade noch mit konstitutiv ist, besagt aber, daß durch die im Glauben erfolgte Entfremdung von der Welt und ihren Begierden das Miteinander der Menschen nicht schlechtweg aufgehoben ist. Die Vergangenheit behält ihr Recht in dem Fortbestehen des mundus, gegen den allein (aber nicht einfach ohne ihn) die Heilsbotschaft zu den Menschen gekommen ist. Ioan. Ev. CIII, 3: Non enim vicisset ille (sc. Christus) mundum, si eius membra vinceret mundus. Zwar ist die civitas terrena als solche aufgehoben, aber zugleich ist der Gläubige aufgerufen in den Kampf gegen sie. Die Vergangenheit wirkt fort in der Unmöglichkeit der völligen Isolierung des Einzelnen. Er kann nichts als separatus tun, sondern nur mit Anderen oder gegen sie. Er lebt, wenn auch als Entfremdeter, weiter in der Welt, und da Christus selber in die Welt gekommen ist, so ist auch sein Sein zu Christus abhängig von der Umwandlung des mundus zu dem corpus Christi, welches die Zugehörigkeit der Gläubigen zu Christus ausdrückt.[26] Die Erlösung selber ist abhängig gemacht von dem Verhalten der Welt bzw. von ihrem Besiegtwerden. Die Welt ist also nicht deshalb relevant, weil auch der Christ, gewissermaßen nur durch ein Versehen, noch in ihr lebt, sondern auf Grund der steten Zugehörigkeit zu der Vergangenheit und damit zu der ursprünglichen Verwandtschaft, die in dem gleichen Teilhaben an dem peccatum originale, von dem her der Tod verstanden ist, besteht. Daß die Vergangenheit in der Erlösung nicht vernichtet ist, ist am Tode sichtbar, der nie als eine naturhafte Tatsache, sondern als ein von Adam und der Sünde her verstehbares schicksalhaftes Ereignis, als die Strafe der Sünde verstanden ist.[27] Die Sterblichkeit, die die Menschen zu Schicksalsgenossen macht, bleibt; aber da der Tod non lege naturae besteht, hat er auch für den Gläubigen einen neuen Sinn erhalten. Als verstehbares Ereignis ist er so und so deutbar, den Guten ist er gut, und den Schlechten schlecht.[28] Die Welt der Menschen erhält hier die eigentümliche Relevanz der eigenen Vergangenheit. In der Welt lebt die eigene Vergangenheit weiter, und der Kampf gegen die Welt, wie das Sich-Kümmern um sie ist getragen und verstehbar nur aus dieser Zugehörigkeit zu ihr. Das neue Leben ist nur im Kampfe gegen das alte erreichbar, und zwar in einem ständigen Kampf, der erst mit dem Tod selber ein Ende hat. Solange der Mensch in der Welt lebt, solange ist er auch an sie und ihre Begierden – sei es ihnen unterliegend, sei es sie bekämpfend – gebunden.[29] Solange die Welt besteht, solange besteht auch noch die Vergangenheit. Daher: Extende caritatem per totum orbem, si vis Christum amare (Ep. Ioan. X, 8). Denn die Relevanz des Nächsten ist nicht an die Christenheit gebunden. Das Verbindende ist erst sekundär die communis fides, der allen gemeinsame Glaube an Christus, der durch die Vergangenheit, aus der er erlöst, erst zu einem gemeinsamen werden kann. Nur diese Vergangenheit ist allen Menschen gemeinsam: Der Welt ist sie das Selbstverständliche, und erst der Christ erfährt sie in einer bestimmten Ausdrücklichkeit, als Sünde. Den Anderen zu dieser Ausdrücklichkeit seines eigenen Seins zu bringen (rapere ad Deum), ist die Verpflichtung gegen den Nächsten, die der Christ aus seiner eigenen vergangenen Sünde herübernimmt. Serm. LVI, 14: Consubstantialis tuus est [...]. Hoc est ille quod tu: respice fratrem tuum. Deshalb ist die Flucht in die Einsamkeit[30] Sünde, weil sie dem Anderen die Möglichkeit der Umkehr nimmt.[31] So gibt die gratia Dei in der Entfremdung von der Welt dem Miteinander der Menschen einen neuen Sinn, und dieser Sinn ist die Abwehr gegen die Welt. Auf dieser Abwehr gegen die Welt ist die neue civitas, die civitas Dei, gegründet. So entsteht aus der Entfremdung selbst ein neues Miteinander und Füreinander, das neben und gegen die alte societas besteht.[32] Die neue vita socialis, die auf Christus gegründet ist, ist bestimmt durch das *diligere invicem.* Die gegenseitige Liebe löst das Aufeinanderangewiesensein ab. In dem Glauben ist die Zugehörigkeit zur Welt in dem ursprünglichen Sinn der civitas terrena aufgehoben, aufgehoben damit zugleich die Angewiesenheit der Menschen aufeinander. Damit ist auch der Bezug zum Anderen aus der Selbstverständlichkeit, die die Angewiesenheit gab, herausgehoben. Die Aufhebung der Selbstverständlichkeit äußert sich einmal in dem Gebot zu lieben, und andererseits in der spezifischen Indirektheit dieser Liebe.

Erst die Ausdrücklichkeit des eigenen Seins, das im Glauben ergriffen ist, macht auch das Sein des Anderen in der Äqualität ausdrücklich. Der Andere wird erst hier zum Bruder (frater für proximus, fraterna dilectio, passim). Aus dieser ausdrücklichen Verbundenheit, die die Brüderlichkeit ist, erwächst die caritas, die zugleich eine *necessitas* ist.[33] Und sie ist eine Notwendigkeit, weil der Mensch aus der einmal vorgegebenen Welt kraft der vergangenen Sünde auch in der Isoliertheit des Glaubens nicht herauskann. In der Gemeinschaft mit Christus, die als corpus verstanden alle Einzelnen als Glieder in sich enthält,[34] leidet jedes Glied mit dem anderen mit.[35] Hier findet sich die äußerste Überspitzung des Gedankens von dem allen gemeinsamen Sein. Über dieser Gemeinsamkeit ist der Einzelne völlig vergessen, er ist nur noch Glied und hat sein Sein nur in dem Zusammenhang aller Glieder in Christus.[36] Das diligere invicem wird zu einem diligere se ipsum, da das Sein des eigenen Selbst identifiziert wird mit dem Sein Christi, mit dem Sein des corpus, an dem es als Glied seinen Teil hat.[37] Aber wenn wir auch von dieser Überspitzung absehen, bei der die Doppeldeutigkeit menschlichen Seins in der Welt, die sich in dem Vermischtsein der beiden civitates ausspricht,[38] aufgehoben ist und die bei Augustin relativ sehr selten ist, so bleibt die Notwendigkeit der caritas doch bestehen gegen alle Tendenz, den Glaubenden völlig zu isolieren.[39] Diese Notwendigkeit richtet sich nicht mehr auf diesen oder jenen, der als solcher in seiner weltlichen Bedeutsamkeit für den Liebenden gut oder schlecht sein kann, sondern aus der Ausdrücklichkeit des eigenen Seins richtet sie sich auf menschlich kreatürliches Sein schlechthin, auf alle Menschen. Bestimmend ist nur das allen Gemeinsame, das allein ist im Glauben ergriffen. Dieses allen Gemeinsame ist als die gemeinsame Vergangenheit des genus humanum Sünde, und nur als solche geht sie den Glaubenden etwas an. Als solche aber bestimmt sie zugleich die caritas. Und wie, allgemein gesprochen, die Verpflichtung gegen den Anderen aus dieser Gemeinsamkeit, die die Sünde ist, erwächst, so erwächst der konkrete Antrieb zur dilectio proximi aus dem Bedenken der eigenen Gefahr, die in diesem Leben, das durchgängig in der Versuchung ist,[40] aus der Vergangenheit, aus der Herkunft von Adam her, ständig wach ist. Expos. Ep. ad Gal. 56: Nihil enim ad misericordiam sic inclinat, quam proprii periculi cogitatio [...] Pax igitur et dilectio, communis periculi cogitatione in corde serventur. Die dilectio gründet also in dem Sich-zusammen-in-einer-Gefahr-wissen. Das In-der-

Welt-sein der Christen, das zugleich die Zugehörigkeit zu der eigenen Vergangenheit ausspricht, heißt *Gefährdetsein*. Die zusammenhaltende Gemeinsamkeit auch der Gläubigen ist der Ausdruck dieser Gefahr. Damit aber kommt die Schicksalsgenossenschaft, die der Grund des Miteinander der Menschen auch in der civitas terrena war, ebenfalls zu einer neuen Ausdrücklichkeit. Diese neue Schicksalsgemeinschaft, die auf dem Gefährdetsein gründet, beruht wieder auf dem Tod. Der Tod aber, der erst im Christentum als »Sold der Sünde« (Paulus) und damit als nicht naturhaftes Ereignis verstanden ist, ist die allen gemeinsame Gefahr: ist nicht der Tod, der dem irdischen Leben ein Ende macht, sondern der Tod, der die Strafe für die Sünde ist, der *ewige Tod*. Diesen ewigen Tod bezeichnet Augustin als den *zweiten Tod*.[41] Das Bestehen auch des ersten Todes als der finis vitae ist Ausdruck für das Bestehenbleiben der alten sündigen Vergangenheit, um derentwillen er allein ja da war. Durch die Erlösung Christi ist dieser Tod überwindbar als Brücke zur Ewigkeit. Aber er kann auch zugleich zum ewigen Tod werden: derselbe Tod ist den Guten gut, und den Schlechten schlecht. Die Gefahr ist also das Zurücksinken in die sündige Vergangenheit, das der ewige Tod ist. Die Sterblichkeit des Menschen, die früher eine Notwendigkeit war, ist hier zu einer Gefahr geworden. Damit wird aus dem notwendigen Miteinander der civitas terrena das freie sich dem Anderen Zuneigen (inclinare) angesichts der gleichen Gefährdetheit. Schon die Besinnung auf die Gefahr hat den Einzelnen aus der alten Schicksalsgemeinschaft gelöst; das was generatione notwendig war, ist zu einer Gefahr geworden, in der über ihn, den Einzelnen, so oder so entschieden wird. Die pure Zugehörigkeit zum genus humanum ist nicht mehr das Ausschlaggebende. Gerade der Tod kann für den Guten die Erlösung bedeuten, derselbe Tod, der vor Christus der nicht abzuwendende Fluch und das stete Elend des ganzen Lebens gewesen war. Damit ist die Zugehörigkeit der Menschen zueinander nicht mehr generatione bestimmt, sondern *imitatione*.[42] Durch diese imitatio kann ein jeder für den Nächsten der Anstoß zur Rettung werden. Ihr liegt das diligere invicem zugrunde, das niemals Liebe in unserem Sinn bedeutet, die gerade unmöglich geworden ist in der Abgelöstheit von der Welt, denn ihr fehlt das Moment der Wahl: Der »Geliebte« wird nicht gewählt, sondern er ist als der in der gleichen Lage Befindliche vor jeder Wahl immer schon vorgegeben. Die dilectio bezieht sich im gleichen Sinne auf alle Menschen in der civitas Dei, wie das Aufeinanderangewiesensein der civitas terrena sich auf alle Menschen gleichmäßig erstreckte. Diese dilectio bringt die Beziehungen der Menschen insoweit zu einer bestimmten Ausdrücklichkeit, als sie herkommend aus dem Bedenken der eigenen Gefahr, die in der conscientia coram Deo, also in der absoluten Isoliertheit erfahren ist, auch den Anderen in diese absolute Isoliertheit stößt, und damit sich nicht mehr an das genus humanum wendet, sondern an den Einzelnen, wenn auch an jeden *Einzelnen*. In der Gemeinschaft der neuen societas löst sich das genus humanum gewissermaßen auf in die vielen Einzelnen. Nicht das Menschengeschlecht als solches ist in der Gefahr, sondern jeder Einzelne.

Aber zu diesem Einzelnen, herausgehoben und abgetrennt von dem genus humanum hat der Gläubige nur insofern liebenden Bezug, als in ihm die Gnade Gottes wirksam werden kann. Der Nächste ist nie um seiner selbst willen geliebt, sondern um der gratia Dei willen. Diese Indirektheit, die der dilectio eigen ist, hebt in einem noch radikaleren Sinne die Selbstverständlichkeit des Miteinander auf. Sie läßt jeden Bezug zu einem bloßen Durchgang werden für die direkte Beziehung zu Gott selbst. Nicht der Andere als solcher kann erretten, sondern nur, weil in ihm die Gnade Gottes wirksam wird. Die dilectio proximi, das diligere invicem ist nur deshalb geboten, weil es zugleich die dilectio Christi ist. Diese Indirektheit zersprengt das Miteinander wieder, weil sie es zu einem vorläufigen macht. In der civitas terrena war die unausdrückliche Angewiesenheit aufeinander auch nur vorläufig, da der Tod ihr ein Ende machte, aber diese Vorläufigkeit war dennoch endgültig. Keine Ewigkeit konnte diese Endgültigkeit relativieren. Hier in der civitas Dei erfolgt diese Relativierung durch die Ewigkeit radikal. Und so sehr die caritas eine necessitas ist, so sehr ist sie es nur in hoc saeculo, in dieser Welt, auf die die Ewigkeit als letzte und endgültige Erlösung folgt. Wenn Augustin öfters das Pauluswort zitiert von der Liebe, die nimmer aufhört, so meint er damit lediglich die Liebe zu Gott oder Christus, zu der alle menschliche dilectio proximi nur den Anstoß zu geben vermag, und die auch nur deshalb geboten ist, um diesen Anstoß zu geben. Diese Indirektheit der Beziehungen der Gläubigen zueinander gibt gerade die Möglichkeit, das ganze Sein des Anderen zu erfassen, das coram Deo ist, während jede weltliche Gemeinschaft zwar das Sein des genus humanum überhaupt im Blick hat, aber nicht das des Einzelnen. Der Einzelne kann als solcher erst in der Isoliertheit, in der der Glaube vor Gott steht, erfahren werden.

In dem Fortgang der Frage nach der Relevanz des Anderen sehen wir, daß Augustin die Frage nach dem *Ursprung* des Menschen *doppelt* stellt und doppelt beantwortet. *Einmal* wird nach dem Sein des Menschen qua Einzelnen gefragt – und diese Frage nach dem Sein ist hier schon identisch mit der Frage nach dem Woher dieses Seins, also nach dem Ursprung – und auf diese Frage ist die Antwort: Gott, als der jeweilige Ursprung jedes Einzelnen. Zwar ist hier der Einzelne – der dann entscheidend wird für die dilectio proximi, sofern sie Sorge um das Seelenheil des Anderen ist – erst entdeckt, aber der Andere qua Nächster, der nicht nur zufällig mit uns in derselben Welt ist und an denselben Gott glaubt, kommt gar nicht in den Blickpunkt der Betrachtung. *Das andere Mal* wird nach dem Ursprung des genus humanum gefragt und im Unterschied zu der Selbigkeit Gottes mit dem allen *gemeinsamen* Stammvater geantwortet. Analog hierzu ist der Mensch einmal als isoliert und zufällig in die Welt hineingekommen erfahren – Welt als eremus – andererseits wieder verstanden als generatione zu den Menschen und damit zu dieser Welt gehörig.

Schon der verschiedene Frageansatz weist auf den nur scheinbaren Widerspruch dieser Theorie vom doppelten Ursprung hin. Der Mensch ist ein anderer, ob er sich als isolierter versteht oder bedingt und wesensmäßig mitkonstituiert durch die Tatsache, dem genus humanum zuzugehören. Noch einsichtiger wird die Zusammengehörigkeit beider Fragen durch die Einsicht in die spezifische Verknotung, die sie in der Lehre von der Nächstenliebe erfahren. Und zwar ist diese Verknotung eine doppelte: Obwohl erst auf dem Grunde der Zugehörigkeit zum genus humanum der Andere überhaupt begegnen kann, so wird doch erst in der Isoliertheit des Einzelnen coram Deo dieser Andere zum Nächsten, d. h. er wird aus der selbstverständlichen Angewiesenheit gehoben, in der alle Menschen untereinander leben, und der Umgang mit ihm steht unter der ausdrücklichen Verbindlichkeit der Verwandtschaft mit ihm. Zweitens aber kommt auch die Möglichkeit zur Isoliertheit als *Faktum* in die Geschichte des genus humanum hinein (vor der Erlösung durch Christus gibt es nach Augustins Geschichtsphilosophie nur das durch Adam bestimmte genus humanum) und wird so selbst geschichtlich, obwohl es gerade die Möglichkeit bringt, aus der Geschichte des genus humanum und seiner unwiderruflichen Verkettung generatione sich herauszulösen.

Erst in dieser Verknotung, die aus dem doppelten Ursprung herrührt, wird die Relevanz des Nächsten verständlich. Der Andere ist qua Zugehöriger zum genus humanum der *Nächste*, und er ist auch dies in der Herausgehobenheit und Ausdrücklichkeit, die aus der realisierten Isoliertheit des Einzelnen folgt. Aus dem bloßen Zusammen der Gläubigen auf Grund der Selbigkeit Gottes wird die communis fides, die Gemeinschaft aller Gläubigen. Damit aber versteht sich das menschliche Sein als einem doppelten Ursprung entstammend.

Anmerkungen

Erster Teil.
Amor qua appetitus.

1. Der Strukturbestand des appetitus.

1 qu. 35, 1: Deinde cum amor motus quidam sit, neque ullus sit motus nisi ad aliquid [...]

2 Ench. sive de Fide, Spe et Caritate CIV. De lib. arb. II, 16: ut ergo constat nos beatos esse velle [...] u. a. a. O.

3 qu. 35, 1; siehe Anm. 1.

4 De div. quaest. 83, qu. 33: Necesse est autem ut qui metuit aliquid fugiat.

5 qu. 33: nullum metum esse nisi *futuri et imminentis* mali.

6 qu. 35, 1: Et ideo non amandum est, quod manenti et fruenti amori auferri potest.

7 De trin. XIII, 11: Cum ergo beati esse omnes homines velint, si vere volunt, profecto et esse immortales volunt: aliter enim beati esse non possent. De Civ. Dei XI, XXVIII: Ibi esse nostrum non habebit mortem, ibi nosse nostrum non habebit errorem, ibi amare nostrum non habebit offensionem.

8 Conf. I, 7 (vita mortalis), X, 26: in homine vivente mortaliter [...] De civ. Dei XII, XX, 1: si tamen ista vita dicenda est, quae potius mors est [...]

9 Conf. VI, 19: Quid si mors ipsa omnem curam cum sensu amputabit et finiet? [...] Sed absit ut ita sit. [...] Numquam tanta et talia pro nobis divinitus agerentur, si morte corporis etiam vita animae consumeretur.

10 De lib. arb. II, 10: invenit omnem rem viventem fugere mortem; quae cum sit vitae contraria, necesse est ut vita etiam se ipsam sentiat, quae contrarium suum fugit.

11 Conf. VII, 7: Idcirco aut est malum quod timemus aut hoc malum est quia timemus.

12 Serm. XXXVIII, 5: Ideoque vivendo hic decrescit vita, non crescit.

13 De lib. arb. I, 34. – Serm. LXXII, 6: Hoc est bonum quod non potes invitus amittere.

14 Civ. Dei XIV, XXV: nunc vero quis hominum potest ut vult vivere, quando ipsum vivere non est in potestate?

15 Und das besagt in diesem Falle, Augustin stehe bruchlos in der von Plato und Aristoteles über Plotin gehenden Tradition. Die ganze appetitus-Terminologie stammt bis

in jeden Zusammenhang aus der griechischen Tradition (cf. vor allem Nik. Eth. I, 1094a 1f. 1095a 16). (Für die Abhängigkeit A.s von der griechischen Tradition und den Weg der Übermittlung vgl. Fuchs: Augustin und der antike Friedensgedanke. [Neue philol. Unters., hg. v. Jaeger.]) Hier tauchen in demselben Zusammenhang auf ὄρεξις, εὐδαιμονία, ἀγαθόν. Plotin, Enn. III, 5, 4: ἔρως δὲ ἐνὲργεια ψυχῆς ἀγαθοῦ ὀριγνωμένης. Eros ist die Tätigkeit der Seele, welche nach dem ἀγαθόν trachtet. – Tod als das äußerste φοβερώτατον κακόν vgl. Nik. Eth. 1114b 26.

16 Wie zentral das Erlebnis des Todes für A. war, ersieht man am deutlichsten aus den Konfessionen (vgl. vor allem lib. IV). Gerade diese Problematik mußte ihn zum Christentum führen, in dessen durch Paulus ausgebildeter Theologie das Faktum des Todes, das bevorstehende und endgültige Nicht-Mehr des Lebens eine ausschlaggebende Bedeutung hat. Das Studium der paulinischen Briefe hat ihn dann auch wirklich zum Christen gemacht, und je christlicher er wurde, desto paulinischer wurde er eigentlich. Conf. VI, 26 sagt er selber, daß die tiefste existentielle Voraussetzung für seine Bekehrung der metus mortis gewesen sei, der ihn in allem Wandel seiner Meinungen getrieben habe. Nichts habe ihn so sehr von den voluptates carnales zurückgerufen.

17 Vgl. z. B. Plotin Enn. III, 7. 6.

18 Serm. CIX, 4: Veniunt, ut abeant anni nostri [...] cum transeunt per nos, terunt nos, et minus minusque valere nos faciunt (vgl. *Anm. 12, S. 119*. Serm. XXXVIII, 5).

19 Conf. XI, 27: Scio quia metimur, nec metiri quae non sunt possumus et non sunt praeterita vel futura.

20 Ibid.: Ex illo ergo quod nondum est, per illud quod spatio caret, in illud quod iam non est [...] Die Zeit, die spatio caret, ist unmeßbar, d. h. sie ist auch nicht festzuhalten (vgl. XI, 36).

21 De doctr. christ. I, 2: quod enim nulla res est, omnino nihil est; I, 5: Res igitur quibus fruendum est, Pater et Filius et Spiritus Sanctus (vgl. I, 7).

22 Siehe Zusatz I, S. 50f.

2. Caritas und cupiditas.

23 Serm. CCCII, 2: sed quomodo diligitur temporalis (sc. vita) ab amatoribus suis, sic diligamus aeternam, cuius amorem christianus profitetur (ebenso Ep. 127, 4).

24 Ep. Ioan. tr. II, 14: talis est quisque, qualis eius dilectio est.

25 De trin. VIII, 14: Quid est ergo amor, nisi quaedam vita duo aliqua copulans vel copulare appetens? Amantem scilicet et quod amatur? Et hoc etiam in externis carnalibusque amoribus ita est.

26 Ep. Ioan. VII, 1: Mundus iste omnibus fidelibus quaerentibus patriam sic est, quomodo fuit eremus populo Israel. Ioan. Ev. XXVIII, 9: Modo ergo antequam ad patriam promissionis id est aeternum regnum veniamus in deserto, in tabernaculis sumus.

27 Civ. Dei VIII, VIII: nemo tamen beatus est qui eo quod amat non fruitur. Nam et ipsi qui res non amandas amant, non se beatos amando putant, sed fruendo.

28 Conf. VI, 1. – Exposit. Quarumdam propos. ex Ep. ad. Rom. LVIII: vanitas rerum

quae foris sunt. – Serm. XCVI, 2: Incipit enim deserto Deo amare se, et ad ea diligenda quae sunt extra se, pellitur a se.

29 Das male facere ist hier eingespannt in die Kategorien libido-voluntas sowie a.a.O. in die cupiditas-caritas. De lib. arb. I, 8.27: Quid autem tam inimicum bonae voluntati est quam libido?

30 Libido ist direkt bestimmt als der amor zu den Dingen, die man invitus amittere potest. De lib. arb. I, 16.

31 Aus diesen Zusammenhängen entsteht auch die Vormachtstellung der scientia bzw. ratio, weil in ihr die Möglichkeit der Eigenständigkeit des Menschen lebt. De lib. arb. I, 3: si doctor est malus non est. 17: Die Gegenüberstellung des experiri scheint deutlich an dem sibi sufficere orientiert. Das intelligere soll das tenere firmissimum verbürgen.

32 Siehe Zusatz II, S. 51f.

33 Conf. II, 1: et colligens me a dispersione in qua frustatim discissus sum, dum ab uno te aversus in multa evanui.

34 En. in. ps. LVII, 1: Sed quia homines appetentes ea quae foris sunt etiam a se ipsis exsules facti sunt [...]

35 Conf. X, 41, 54, 55: Hinc ad perscrutanda naturae, quae praeter nos non est, operata proceditur, quae scire nihil prodest et nihil aliud quam scire homines cupiunt.

36 Conf. X, 25. 50: sana me, in cuius oculis mihi quaestio factus sum, et ipse est languor meus.

37 Serm. CXXV, 11: Cum adhuc tecum est quod amissurus es, aut vivus, aut moriens illud dimittis, non potest tecum esse semper: cum ergo adhuc tecum est, solve amorem; [...] Tenete ad illum quem non amittis invitus. – De ver. rel. 72: et si tuam naturam mutabilem inveneris, transcende et te ipsum.

38 Serm. CCCII, 3: sed quo modo diligitur temporalis (sc. vita) ab amatoribus suis, sic diligamus aeternam (vgl. Ep. 127, 4).

39 Conf. XI, 16.

40 Daß diese Umwandlung möglich ist, hängt zusammen mit A.s Zeitinterpretation, die die Vergangenheit und Zukunft nur als in der Gegenwart seiend versteht (vgl. Zusatz I). Conf. XI, 26: Tempora sunt tria; praesens de praeteritis, praesens de praesentibus, praesens de futuris. – 37: Non igitur longum tempus futurum quod non est, sed longum futurum longa expectatio futuri est; neque longum praeteritum tempus quod non est, sed longum praeteritum longa memoria praeteriti est.

41 Serm. CXLII, 3: Quis ergo est iste transitus? Oblita est anima se ipsam, sed amando mundum: obliviscatur se, sed amando artificem mundi.

42 Erhofft in der Zugehörigkeit zu Gott, die die caritas gibt, gefürchtet in dem Verfallensein an die Welt, dem der Tod ein Ende macht. So ist der Glaube des Christen durch die Hoffnung bestimmt, und erst dadurch, daß das Geglaubte erhofft und geliebt wird, ist er christlich (vgl. Glaube der Dämonen, Ep. CXCIV, 11).

43 Conf. XI, 39: non in ea quae futura et transitura sunt, sed in ea quae ante sunt, non distentus sed extentus, non secundum distentionem, sed secundum intentionem sequor ad palmam supernae vocationis.

44 Conf. IX, 10: devorans tempora, devoratus temporibus.
45 De ver. rel. 72: Noli foras ire, in te ipsum redi; in interiore homine habitat veritas; et si tuam naturam mutabilem inveneris, transcende et te ipsum.
46 Conf. I, 21.
47 De trin. XIV, 18: Qui ergo se diligere novit, Deum diligit: qui vero non diligit Deum, etiam si se diligit, quod ei naturaliter inditum est, tamen non inconvenienter odisse se dicitur, cum id agit quod sibi adversatur.
48 Civ. Dei XII, I, 2: Ille vero (sc. Creator) qui non alio sed se ipso bono beatus est, ideo ipse miser non potest esse quia non se potest amittere. Der appetitus hat gerade die Funktion, das bonum der beatitudo herbeizuschaffen.
49 Serm. XCVI, 2 (vgl. Anm. 28, S. 120 f.). Serm. CCCXXX, 3: Quisquis enim dimisso Deo amaverit se Deumque dimiserit amando se, non remanet nec in se, sed exit et a se.
50 Retr. I, VII, 4: ne forte putaretur caritatem Dei non futuram esse maiorem quando videbimus facie ad faciem.
51 Civ. Dei VIII, VIII: nemo tamen beatus est, qui eo quod amat non fruitur. Das beatum esse erfolgt non amando sed fruendo.
52 Doctr. christ. I, 4: Frui enim est amore alicui rei inhaerere propter se ipsam. Uti autem, quod in usum venerit ad id quod amas obtinendum referre, si tamen amandum est.
53 Vgl. Anm. 1.
54 De doctr. christ. I, 34: Nam si neque fruitur neque utitur, non invenio quemadmodum diligat (Deus sc.!).
55 Solil. I, 13: caritas qua videre perfruique desiderat.
56 Doctr. christ. I, 43: perfectum sane, quantum in hac vita potest; nam in comparatione futurae vitae nullius iusti et sancti est vita ista perfecta.
57 Meist durch Bibelworte ausgedrückt. So auch Ioan. Ev. XLI, 13.
58 De div. quaest. 83, qu. 36, 1. 2: ut caritatis libertas prae Servitute timoris emineat.
59 Das ersieht man am klarsten an einer Stelle, die sich gegen die Stoiker wendet und ihre Art, mit dem Tod fertig zu werden. Ep. Ioan. IX, 2: Sunt enim homines qui cum patientia moriuntur: sunt autem quidam perfecti qui cum patientia vivunt etc.
60 Ioan. Ev. XLI, 10: nondum tota nondum pura nondum plena libertas, quia nondum aeternitas.
61 En. in Ps. LXXIX, 13: ad omne recte factum amor et timor ducit: ad omne peccatum amor et timor ducit. Ut facias bene, amas Deum, et times Deum: ut facias malum, amas mundum, et times mundum.
62 Ep. Ioan. IX, 5: Ipse est timor ille qui introducit caritatem: sed sic venit ut exeat. […] Quis est timor castus? Ne amittas ipsa bona […] ne recedat a te. – Civ. Dei XIV, IX, 5: hunc enim timorem habet caritas immo non habet nisi caritas […] non est timor exterrens a malo, quod accidere potest; sed tenens in bono quod amitti non potest. – En. in Ps. CXXVII, 8: castus ergo timor hoc habet; venit de amore etc.
63 Doctr. christ. I, 42: Inter temporalia quippe atque aeterna hoc interest, quod temporale aliquid plus diligitur antequam habeatur […] non enim satiat animam, cui vera est et certa sedes aeternitas.

3. Ordinata dilectio.

64 Doctr. christ. I, 28: Ille autem iuste et sancte vivit, qui rerum integer aestimator est: ipse est autem qui ordinatam dilectionem habet, ne aut diligat quod non est diligendum, aut non diligat quod est diligendum, aut amplius diligat quod minus est diligendum. – De mend. 9: Nam et ipsa dilectio proximi ex sua cuiusque terminum accepit. [...] Quomodo ergo quisque diligit tamquam se ipsum, cui ut praestet vitam temporalem, ipse amittit aeternam? [...] non est iam diligere sicut se ipsum. Sed plus quam se ipsum: quod sanae doctrinae regulam excedit.

65 Diese hier eingeführte terminologische Scheidung: amor = appetitus, caritas = Bezug zum summum bonum und dilectio = der aus der caritas entspringende Bezug zu sich und der Welt wurde nur der Verdeutlichung wegen gewählt. A. selber gebraucht die drei Termini für die Liebe durchaus synonym und betont dies sogar wiederholt, so etwa Civ. Dei XIV, VII, 2. Sachlich ist diese Scheidung durchaus berechtigt, terminologisch nicht. – Vgl. für die sachlich mögliche Scheidung wie für den synonymen Gebrauch der drei Termini, die ursprünglich Übersetzungen aus dem Griechischen sind (amor = ἔρως, dilectio = στοργή, caritas = ἀγάπη), Harnack: Der »Eros« in der alten christlichen Literatur. Sitzgsber. d. preuß. Akad. d. Wiss. 1918, 85f.

66 Fragt man, warum es eigentlich überhaupt noch eine dilectio proximi, warum einen ausdrücklichen Bezug zur Welt gibt, so wird man in der Erklärung – abgesehen von der christlichen Tradition der Nächstenliebe als Gottes Gebot – auf einen ganz anderen Zusammenhang geführt, in dem der Liebesbegriff seine Stelle hat, auf einen Liebesbegriff, der gerade gewonnen ist aus dem natürlichen Beisammensein und Aufeinanderangewiesensein der Menschen untereinander. Diese natürliche Beziehung gibt sich schon kund in dem Gesetz: Was du nicht willst, das man dir tu, das füg' auch keinem andern zu. Die christliche dilectio wird dann weiter als ein ganz bestimmter und besonders ausdrücklich gewordener Bezug zum Du erklärt. Wir wollen diesen Begriff später im Zusammenhang ausführlicher behandeln und ihn deshalb hier vernachlässigen.

67 Doctr. christ. I, 22.

68 Doctr. Christ. I, 21: sed quidquid aliud diligendum venerit in animum, illuc rapiatur quo totus dilectionis impetus currit.

69 Doctr. christ. I, 22: Non autem omnia quibus utendum est, diligenda sunt sed ea sola quae aut nobiscum societate quadam referuntur in Deum sicuti est homo vel angelus; aut ad nos relata [...] sicuti est corpus. 27: id quod sumus et id quod infra nos est, ad nos tamen pertinet, inconcussa naturae lege diligimus.

70 Doctr. Christ. I, 30: Omnium autem qui nobiscum frui possunt Deo, partim eos diligimus quos ipsi adiuvamus, partim eos a quibus adiuvamur.

71 Doctr. christ. I, 20: Itaque magna quaestio est, utrum frui se homines debeant, an uti, an utrumque [...] Si enim propter se fruimur eo; si propter aliud utimur eo. Videtur autem mihi propter aliud diligendus. Quod enim propter se diligendum est, in eo constituitur vita beata; cuius etiamsi nondum res, tamen spes eius nos hoc tempore consolatur.

72 Doctr. christ. I, 30: Hinc efficitur ut inimicos etiam nostros diligamus: non enim eos timemus, quia nobis quod diligimus auferre non possunt.

73 Doctr. christ. III, 24. Solil. I, 7: Et homines sunt et eos amo non eo quod animalia sed eo quod homines sunt; id est ex eo quod rationales animas habent, quas amo etiam in latronibus. – Civ. Dei XIV, VI: ut nec propter vitium oderit hominem, nec amet vitium propter hominem; sed oderit vitium amet hominem.

74 Enn. VI, 8, 4: Καίτοι ζητήσειεν ἄν τις, πῶς ποτε τὸ κατ' ὄρεξιν γιγνόμενον αὐτεξούσιον ἔσται τῆς ὀρέξεως ἐπὶ τὸ ἔξω ἀγούσης καὶ τὸ ἐνδεὲς ἐχούσης.

75 Nik. Eth. 1110a1: δοκεῖ δὴ ἀκούσια εἶναι τὰ βίᾳ ἢ δι' ἄγνοιαν γινόμενα, βίαιον δὲ οὗ ἡ ἀρχὴ ἔξωθεν. Vgl. Enn. VI, 8, 1: Ἑκούσιον μὲν γὰρ πᾶν, ὃ μὴ βίαι μετὰ τοῦ εἰδέναι, ἐφ' ἡμῖν δέ, ὃ καὶ κύριοι πρᾶξαι.

76 Vgl. Anm. 74, S. 124.

77 Enn. VI, 8, 2: εἰ δὲ τὴν ὄρεξιν παύσας ἔστη καὶ ἐνταῦθα τὸ ἐφ' ἡμῖν, οὐκ ἐν πράξει τοῦτο ἔσται, ἀλλ' ἐν νῶι στήσεται τοῦτο· ἐπεὶ καὶ τὸ ἐν πράξει πᾶν, κἂν κρατῆι ὁ λόγος, μικτὸν καὶ οὐ καθαρὸν δύναται τὸ ἐφ' ἡμῖν ἔχειν.

78 Nik. Eth. 1097b 15: τὸ δ' αὔταρκες τίθεμεν ὃ μονούμενον αἱρετὸν ποιεῖ τὸν βίον καὶ μηδενὸς ἐνδεᾶ.

Zweiter Teil.
Creator – creatura.

1. Creator verstanden als Ursprung der creatura.

1 Conf. X, 30: Augustin stellt die Frage: Wie erinnere ich die beata vita und antwortet: Numquid sicut meminimus gaudium? Fortasse ita. Nam gaudium meum etiam tristis memini sicut vitam beatam miser: neque umquam corporis sensu gaudium meum vel vidi vel audivi [...] sed *expertus* sum in animo meo quando laetatus sum; et adhae sit eius notitia memoriae meae. 31: Quae quoniam res est quam se expertum non esse nemo potest dicere, propterea reperta in memoria recognoscitur, quando beatae vitae nomen auditur.

2 Conf. X, 31: Ubi ergo et quando expertus sum vitam meam beatam ut recorder eam [...]? 28: Non enim quasi novum credimus, sed recordantes approbamus hoc esse, quod dictum est. (So geht jede Erinnerung vor sich.) 29: Cum enim te Deum meum quaero, vitam beatam quaero. 35: Ecce quantum spatiatus sum in memoria mea quaerens te, Domine, et non te inveni extra eam.

3 Conf. X, 14: et ipse contexo praeteritis atque ex his etiam futuras actiones et eventa et spes, et haec omnia rursus quasi praesentia meditor.

4 Conf. II, 1: recordari volo transactas foeditates meas [...] Amore amoris tui facio istuc, recolens vias meas [...] et colligens me a dispersione [...].

5 Conf. I, 2: Non ergo essem, Deus meus, non omnino essem, nisi esses in me. An potius non essem, nisi essem in te. 9: Tu autem, Domine, qui et semper vivis et nihil moritur in te, quoniam *ante* primordia saeculorum et ante omne, quod vel ante dici

potest, tu es [...] et apud te rerum omnium instabilium stant causae et rerum omnium mutabilium immutabiles manent origines et omnium irrationalium et temporalium *sempiternae vivunt rationes.*

6 De Gen. ad Litt. VI, 16.

7 Serm. CXLII, 3: confundatur ut redeat, quae se iactabat ne rediret. Superbia ergo impediebat anima ereditum [...] Revocatur ad se anima, quae ibat a se. Sicut a se ierat, sic a Domino suo ibat.

8 De mor. Manich. II, 1: Das summe esse ist zugleich das primitus esse.

9 De lib. arb. III, 21: Si enim magis magisque esse volueris, ei quod summe est propinquabis. 20: videbis te in tantum esse miserum, in quantum non propinquas ei quod summe est [...] et ideo tamen te esse velle, quoniam ab illo es qui summe est.

10 En. in Ps. LXXV, 8: Tamdiu est aliquid homo, quamdiu illi haereta quo factus est homo. Nam recedens ab illo, nihil est homo.

11 De lib. arb. III, 6: ea sola intuebar quae in creatura eius (sc. Dei) fiunt; non autem quae in ipso; non enim ea *fiunt,* sed *sunt* sempiterna (vgl. Conf. XI, 6).

12 De Gen. ad Litt. IV, 34: Et ideo dum ipse manet in se (sc. Deus) quidquid ex illo est *retorquet* ad se; ut omnis creatura in se habeat naturae suae terminum, quo non sit quod ipse est.

13 Als ex nihilo factum kann es deficere. De Civ. Dei XII, VIII: Hoc scio naturam Dei [...] nulla ex parte posse deficere; et ea posse deficere quae ex nihilo facta sunt.

14 De Trin. VIII, 5: Qua propter nulla essent mutabilia bona nisi esset incommutabile bonum.

15 Ibid.: Avertendo enim se a summo bono amittit animus ut sit bonus animus; non autem amittit ut sit animus.

16 Conf. VII, 17: Et inspexi caetera infra te et vidi nec omnino esse nec omnino non esse: esse quidem quoniam abs te sunt; non esse autem, quoniam id quod es non sunt.

17 Conf. II, 14: Perverse te imitantur omnes qui longe se a te faciunt et extollunt se adversum te. Sed etiam sic te imitando iudicant creatorem te esse omnis naturae. 13: Nam et superbia celsitudinem imitatur; cum tu sis unus super omnia Deus excelsus.

18 De Civ. Dei XIV, XIII, 1: Nec sic deficit homo ut omnino nihil sit [...] Relicto itaque Deo, esse in semet ipso, hoc est sibi placere, non iam nihil esse est, sed nihilo appropinquare.

19 Expos. Ep. ad Gal. XXIV: credendo dilexerunt, diligendo imitati sunt.

20 Ep. Ioan. tr. I, 5: ipse enim semper erat et est; nos non eramus et sumus. De Gen. ad Litt. II, 17: Quemadmodum ergo ratio qua creatura conditur, prior est in Verbo Dei quam ipsa creatura quae conditur.

21 En. in Ps. CXXXIV, 6: Est enim et vere est et eo ipse quod vere est, sine initio et sine termino est [...] De Civ. Dei XIII, IX: Idem ipse igitur simul et moriens est et vivens: sed morti accedens, vita cedens.

22 Conf. XI, 39: Vgl. Anm. 43, S. 123.

23 Von dem operari Dei, das simul ist, gilt non intervallis temporum sed connexione causarum (Gen. ad Litt. V, 12).

24 Civ. Dei XI, VI: Si enim discernitur aeternitas et tempus, quod tempus sine aliqua mobili mutabilitate non est, in aeternitate autem nulla mutatio est: quis non videat quod tempora non fuissent, nisi creatura fieret, quae aliquid aliqua motione mutaret, cuius motionis et mutationis cum aliud atque aliud, quae simul esse non possunt; cedit atque succedit, in brevioribus vel productioribus morarum intervallis tempus sequeretur? (vgl. De Gen. ad Litt. V, 12).

25 Ioan. Ev. XXIII, 5: beatitudinem tamen eius qua fit beata ipsa anima, non fieri nisi participatione illius vitae semper vivae, incommutabilis, aeternaeque substantiae, quae Deus est.

26 De mor. Man. II, 8: Esse enim ad manendum refertur.

27 Vgl. Rud. Bultmann: Die Eschatologie des Joh.-Evangeliums. Zwischen den Zeiten 1928, H. 1, S. 4ff.

28 Conf. III, 15: Turpis enim omnis pars est suo universo non congruens.

29 De Trin. V, 11: Quae magnitudo utique primitus magna est, multoque excellentius quam ea quae participatione eius magna sunt [...] hoc est enim Deo esse quod est magnum esse (vgl. vorige Anm.).

30 De Gen. ad Litt. V, 45: Sicut autem in ipso grano invisibiliter erant omnia simul, quae per tempora in arborem surgerent: ita ipse mundus cogitandus est, cum Deus simul omnia creavit, habuisse simul omnia, quae in illo cum illo facta sunt [...].

31 Serm. CXVII, 5: Uno ergo aspectu totum videre non potes. Et quamdiu versas ut videas partes vides. – De Civ. Dei XII, IV: Cuius ordinis decus nos propterea non delectat, quoniam parti eius pro conditione nostrae mortalitatis intexti universum, cui particulae, quae nos offendunt, satis apte decenterque conveniunt, sentire non possumus.

32 Civ. Dei XX, XIV: mutatione namque rerum non omni modo interitu transibit hic mundus. Unde et Apostolus ait: 1. Kor. 7, 31f.: Figura ergo praeterit non natura.

33 Conf. XI, 13: et videat longum tempus nisi ex multis praetereuntibus morulis, quae simul extendi non possunt, longum non fieri; non autem praeterire quidquam in aeterno, sed totum esse praesens; nullum vero tempus totum esse praesens: et videat omne praeteritum propelli ex futuro et omne futurum ex praeterito consequi et omne praeteritum ac futurum ab eo, quod semper est praesens, creari et excurrere?

34 Conf. XI, 38: hoc in tota vita hominis, cuius partes sunt omnes actiones hominis.

35 Enchir. de Fide, Spe et Caritate X: sed tamen bona etiam singula; quia ex omnibus consistit universitatis admirabilis pulchritudo. XI: In qua etiam illud quod malum dicitur, bene ordinatum et loco suo positum, eminentius commendat bona ut magis placeant et laudabiliora sint dum comparantur malis. – De lib. arb. III, 32: Naturas igitur omnes Deus fecit, non solum in virtute atque iustitia permansuras, sed etiam peccaturas; non ut peccarent, sed ut essent ornaturae universum, sive peccare sive non peccare voluissent.

36 Wie sehr die Vorstellung vom Universum als dem Umgreifenden und vom Menschen als pars in seiner Umschlossenheit Augustin beherrscht, zeigt gerade eine Stelle, in der die perfectio des Menschen wie alles Geschaffenen schon im Creator gesucht ist, und dennoch der Mensch als pars dem Universum eingegliedert erscheint: Gen. ad Litt.

IV, 34: Quoniam rei cuiusque perfectio, non tam *in universo cuius pars est*, quam in eo a quo est, in quo et ipsum universum est.

37 De Mus. VI, 30: Turpis enim factus est voluntate, universum amittendo quod Dei praeceptis obtemperans possidebat, et ordinatus in parte est, ut qui legem agere noluit, a lege agatur.

38 De lib. arb. I, 15: Simul etiam te videre arbitror in illa temporali (sc. lege) nihil esse iustum atque legitimum, quod non ex hac aeterna sibi homines derivarint.

39 Conf. I, 9: Vgl. Anm. 5, S. 124 f. – De lib. arb. I, 15: Vgl. Anm. 4.

40 Siehe Zusatz.

41 Vgl. M. Heidegger: Vom Wesen des Grundes (E. Husserl-Festschrift. S. 86/87, Halle 1929),wo in der Skizzierung der Geschichte desWeltbegriffes auch der augustinische angedeutet wird. Heidegger unterscheidet ebenfalls zwei Bedeutungen von mundus bei Augustin: mundus ist einmal ens creatum (was sich in unserem Zusammenhang mit der fabrica Dei, coelum et terra, deckt) und andererseits die Welt, verstanden als dilectores mundi. H. interpretiert nur die letztere: »Welt bedeutet demnach: das Seiende im Ganzen, und zwar als das entscheidende Wie, gemäß dem sich menschliches Dasein zum Seienden stellt und hält.« Während also seine Interpretation sich allein auf die Erhellung des mundus als habitare corde in mundo bezieht, und der andere Weltbegriff zwar genannt wird, aber ungedeutet bleibt, zielt unsere Interpretation gerade ausdrücklich darauf ab, diese Doppeltheit verständlich zu machen.

42 Op. Imp. IV, XX: Ipsam denique humanam vitam, qua non secundum Deum sed secundum hominem vivitur, mundum hoc loco appellavit Apostolus.

43 Act. c. Fel. Man. II, XVIII: omnia quae fiunt et quod quisque facit aut de se est, aut ex aliquo, aut ex nihilo. Homo quia non est omnipotens, de se filium facit: ex aliquo sicut artifex ex ligno arcam […] quia de se quod fecit, nec fecisse dicendus est, sed genuisse. – C. duas ep. Pelag. II, 15: *Electionem* quippe dixit, ubi Deus non ab alio factum quod *eligat invenit*, sed quod inveniat ipse *facit*.

44 Ioan. Ev. II, 10: Non enim sic fecit (sc. Deus mundum), quomodo facit faber. Forinsecus est area quam facit, et illa in alio loco posita est, cum fabricatur […] Deus autem *mundo infusus* fabricat, ubique positus fabricat, et non recedit aliquo […].

45 De Gen. ad Litt. V, 40: Sic ergo credamus […] usque nunc operari Deum, ut si conditis ab eo rebus operatio eius subtrahatur, intercidant.

46 De Gen. ad Litt. V, 45: ita ipse mundus cogitandus est, cum Deus simul omnia creavit, habuisse simul omnia quae in illo *cum* illo facta sunt.

47 Daß er sich selbst auch vorfindet, äußert sich in der Tatsache, daß im Zeugen das ein facere de se und nicht ex aliquo ist, er selber zu solch einem Vorgegebenen wird.

48 Vgl. Anm. 5, S. 124 f. Conf. I, 9.

49 De Civ. Dei XII, I, 2: Ita quamvis non omnis beata possit esse creatura (neque enim hoc munus adipiscuntur aut capiunt ferae ligna saxa et si quid huius modi est) […].

50 Soz. B. Ep. Ioan. tr. I, 5: vivere in hoc saeculo inter tentationes.

51 Serm. LXXVI, 9: Amatores suos vorare novit (saeculum sc.) non portare (vgl. Conf. IX, 10: devorans tempora, devoratus temporibus). – De Gen. ad Litt. V, 38: omnis creatura non ante saecula, sed a saeculis. ab ipsa enim exorta sunt saecula et ipsa a sae-

culis, quoniam initium eius initium saeculorum est: Unigenitus autem ante saecula per quem facta sunt saecula.

52 De bono Coniug. 10: Quid si, inquiunt, omnes homines velint ab omni concubitu continere; unde subsistet genus humanum? [...] multo citius Dei civitas compleretur, et accelleraretur terminus saeculi.

53 Civ. Dei XIX, X: et se ipsam ad eum finem refert (sc. virtus), ubi nobis talis et tanta pax erit.

54 Einmal bezieht sich das Leben zurück auf den Creator, das andere Mal sieht sich das Leben bestimmt vom Tod.

55 Conf. XI, 27. 17.

56 Conf. XI, 17: ut scilicet non vere dicamus tempus esse, nisi quia tendit non esse. Das Nicht des Noch-nicht ist das ex nihilo factum esse. Conf. XI, 12 u. 7.

57 Vgl. De Civ. XII, VIII, siehe Anm. 13, S. 125.

58 Ioan. Ev. XXXVIII, 11: Ecce quod est esse. Principium mutari non potest: principium in se manet, et innovat omnia.

59 De nat. boni c. Manich. XXVI: Quia ergo Deus omnia, quae non de se genuit, sed per Verbum suum fecit, non de his rebus quae iam erant, sed [...] de nihilo fecit.

60 Op. Imp. V, XXXI: quoniam de illo sunt, hoc quod ille sunt, alius nascendo, alius procedendo (sc. Christus et Spiritus); atque ita sunt de illo, ut numquam fuerit ipse prior illis.

61 Conf. IV, 15: Ergo cum oriuntur et tendunt esse, quo magis celeriter crescunt, ut sint, eo magis festinant, ut non sint; sic est modus eorum (vgl. De mor. Manich. II 8).

62 Conf. VI, 17.

63 Dies gerade ist der Sinn des ständigen amittere, das als eine Grundstruktur des Lebens im Sinne Augustins im ersten Teil herausgestellt ist.

64 Dies liegt der Überzeugung zugrunde, die immer wieder an der Interpretation des paulinischen Wortes von dem Tod, der der Sünde Sold sei, zutage tritt, daß nämlich der Tod nicht ein natürliches Faktum sei, sondern die Strafe der Sünde, also selbst verschuldet (vgl. z. B. Serm. CCXXXI, 2). – Civ. Dei VI, XII: Nulla quippe maior et peior est mors, quam ubi non moritur mors. Sed quod animae natura, per id quod immortalis creata est, sine qualicumque vita esse non potest, summa mors eius est *alienatio* a vita Dei in aeternitate supplicii.

65 Civ. Dei VI, XII: Nulla quippe maior et peior est mors, quam ubi non moritur mors.

66 Die Zeit kommend aus dem nondum eilend in das iam non ist als Zeit das tendere non esse (Conf. XI, 17).

67 Conf. XI, 35: Non ergo ipsas, quae iam non sunt, sed aliquid in memoria mea metior quod infixum manet (vgl. Teil 1, Zusatz I).

68 Civ. Dei I, XI, 1: Finis autem vitae tam longam quam brevem vitam hoc idem facit. Neque enim aliud melius et aliud detenus, aut aliud maius aut aliud brevius est, quod iam pariter non est.

69 Für diesen Gebrauch von finis vgl. u. a. Serm. CCCVI, 7 und Civ. Dei I, XI, 1.

70 Ep. Ioan. tr. X, 5: quidquid propter se et gratis quaeritur, ibi est finis. – Ioan. Ev. CIV, I. – Zu dem propter siehe Teil I.

2. Caritas und cupiditas.

71 Ep. Ioan. tr. IX, 9: Prior dilexit nos, et donavit nobis ut diligeremus illum.

72 Ioan. Ev. CVII, 1: Mundum vult modo intelligi, qui vivunt secundum concupiscentiam mundi, et non sunt in ea sorte gratiae, ut ab illo eligantur ex mundo.

73 Op. Imp. IV. XX.

74 Ioan. Ev. LXXVI, 2: Qui enim diligunt quia diligunt, eliguntur [...] Dilectio sanctos discernita mundo.

75 Conf. I, 21: Amicitia enim mundi huius fornicatio est abs te.

76 Vgl. Teil I, S. 28ff.

77 Civ. Dei V, XVII, 2: Tolle iactantiam, et omnes homines quid sunt nisi homines? – Serm. CXLII, 3: Superbia ergo impediebat animae reditum.

78 Diesem Nicht-Entdecktsein entspricht in der augustinischen Geschichtskonstruktion das *ante legem esse*. Exposit. ex ep. ad Rom. XIII–XVIII: Itaque quattuor istos gradus hominis distinguamus; ante legem, sub lege, sub gratia, in pace [...] Ante legem ergo non pugnamus; quia non solum concupiscimus et peccamus, sed etiam approbamus peccata: sub lege pugnamus sed vincimur [...].

79 Ep. Ioan. tr. IV, 9: Ergo castificat nos *sicut* et ipse castus est etc. tr. IX, 3: *Sicut ille* diligit inimicos suos [...] ita nos [...].

80 Ioan. Ev. XLII, 10: sed plane Creator, Creator est; creatura, creatura est; *aequari* creatura non potest Creatori. – Ep. Ioan. tr. IX, 3: Numquid enim potest esse homo sicut Deus? Iam vobis exposui quia non semper ad aequalitatem dicitur »sicut«; sed dicitur ad quamdam similitudinem.

81 Conf. X, 15: Et vis est haec (sc. memoria) animi mei, atque ad meam naturam pertinet, nec ego ipse capio totum, quod sum. Ergo animus ad habendum se ipsum angustus est.

82 Conf. VII, 22: quibus (sc. Inferioribus creaturae tuae partibus) et ipsi iniqui apti sunt, quanto dissimiliores sunt tibi, apti autem superioribus quanto similiores fiunt tibi.

83 Conf. X, 25: Quid autem propinquius me ipso mihi? Et ecce memoriae meae vis non comprehenditur a me, cum sum me non dicam praeter illam.

84 De Spir. et Litt. 52: sed per legem cognition peccati. So auch a. a. Stellen, wo er diese Aufreihungen macht.

85 Ioan. Ev. XLI, 12: Quae est autem consumptio mali, nisi quod Lex dicit. Non concupisces. Omnino non concupiscere perfectio boni est, quia consumptio mali est.

86 De Trin. IX, 13: Tunc enim est cupiditas cum propter se amatur creatura.

87 Conf. II, 6: gaudens vinulentia, in qua te iste mundus oblitus est creatorem suum, et creaturam tuam pro te amavit.

88 Conf. VII, 20: non est sanitas eis quibus displicet aliquid creaturae tuae.

89 Conf. II, 13: Nam et superbia celsitudinem imitatur [...]. 14: Perverse te imitantur omnes, qui longe se a te faciunt.

90 De lib. arb. I, 21: nulla res alia mentem cupiditatis comitem faciat, quam propria voluntas et liberum arbitrium.

91 Ioan. Ev. XXVIII, 9: Ille enim est in tabernaculis, qui se esse in mundo intelligit pere-

grinum. Ille se intelligit peregrinantem, qui se videt patriae suspirantem [...] Quid est in eremo? In deserto. Quare in deserto? Quia in isto mundo ubi sititur in via inaquosa. – Ep. Ioan. tr. X, 5: Adhaesisti Deo, finisti viam; permanens in patria. – En. in Ps. CXLI, 15: noli habitare in fabrica, sed habita in fabricatore.

92 De Mus. VI, 19: Non enim frustra consuetudo quasi secunda, et quasi affabricata natura dicitur (vgl. Op. Imp. VI, XLI).

93 Ep. Ioan. tr. II, 11: Sed vae tibi si amaveris condita et deserueris conditorem.

94 Conf. VIII, 18: et quasi mortem reformidabat restringi a fluxu consuetudinis, quo tabescebat in mortem.

95 Op. Imp. IV, CIII: ut per vim consuetudinis fiat sine voluntate [...].

96 Ep. Ioan. tr. I, 7.

97 Op. Imp. IV, CIII: Nonne conditionem suam sua conditione perdit, ut per vim consuetudinis fiat sine voluntate, cum consuetudo non facta sit nisi voluntate? [...] Tu vero dixisti voluntatem et necessitatem simul esse non posse; cum cernas simul eas esse cum concordant, simul esse cum pugnant.

98 Conf. III, 13: Et non noveram iustitiam veram interiorem non ex consuetudine iudicantem, sed ex lege rectissima Dei omnipotentis.

99 Ep. Ioan. tr. VI, 3: Perhibeat tibi testimonium conscientia tua, quia ex Deo est.

100 Ep. Ioan. tr. VI, 2: non quando illi perhibet testimonium lingua aliena, sed quando perhibet conscientia propria.

101 Ioan. Ev. LXXIV, 5: Sic enim (sc. invisibiliter) a nobis videtur in nobis et nostra conscientia.

102 Expos. Ep. ad Gal. 57: Numquam itaque alieni peccati obiurgandi suscipiendum est negotium, nisi cum internis interrogationibus examinantes nostrum conscientiam, liquido nobis coram Deo responderimus, dilectione nos facere.

103 Civ. Dei XII, VIII: nec iactantia vitium est laudis humanae, sed animae perverse amantis laudari ab hominibus, spreto testimonio conscientiae. – XIV, XXVIII: Illa enim quaerit ab hominibus gloriam: huic autem Deus conscientiae testis, maxima est gloria.

104 Expos. Ep. ad Gal. 59: Non ergo laudatores nostri minuunt onera conscientiae nostrae.

105 Vgl. Anm. 94, S. 130 und Anm. 95, S. 130.

106 Aug. braucht coram Deo und ante Deum promiscue. Ich wähle den Terminus coram einmal, weil ich ihn in Abgrenzung gegen das ante in einem ganz anderen Sinn brauche, und zweitens, weil er die traditionelle Übersetzung aus dem Griechischen bzw. Hebräischen ist (vgl. Anm. 117, S. 131).

107 Vgl. lex scripta in cordibus hominum (Conf. II, 9). – De lib. arb. I, 32: Iubet igitur aeterna lex avertere amorem a temporalibus, et eum mundatum convertere ad aeterna.

108 En. in Ps. LVII, 1: »Quod tibi non vis fieri ne facias alteri.« Hoc et antequam Lex daretur nemo ignorare permissus est, ut esset unde iudicarentur et quibus Lex non esset data [...] Sed quia homines appetentes ea quae foris sunt, etiam a se ipsis exsules facti sunt, data est etiam conscripta lex: non quia in cordibus scripta non erat; sed quia tu fugitivus eras cordis tui.

109 Ioan. Ev. XLI, 12.

110 De grat. et lib. arb. 24: Suam vero iustitiam dicit (sc. Apost.) eos volentes constituere, quae iustitia est ex lege; non quia lex ab ipsis est constituta, sed in lege quae ex Deo est, suam iustitiam constituerant, quando eamdem legem suis viribus se implere posse credebant: ignorantes Dei iustitiam, non qua iustitia Deus iustus est; sed quae iustitia est homini ex Deo.

111 Civ. Dei V, X, 1: Nam si voluntas tantum esset nec posset quod vellet, potentiore voluntate impediretur; nec sic tamen voluntas nisi voluntas esset; nec alterius sed eius esset qui vellet, etsi non posset implere quod vellet.

112 Conf. VII, 6: voluntas enim et potentia Dei, Deus ipse est.

113 Expos. ex. ep. ad Rom. XL: Tunc enim se mortuum quisque cognoscit, cum illud quod recte praeceptum esse confitetur, implere non potest. – LXI: Nostrum enim est credere et velle, illius autem dare credentibus et volentibus facultatem bene operandi. – Ep. CLXXVII, 5: Distinguenda est lex, et gratia. Lex iubere novit, gratia iuvare. Nec lex iuberet, nisi esset voluntas; nec gratia iuvaret, si sat esset voluntas.

114 Expos. ex ep. ad Rom. XIII–XVIII. – XXX: sed data est Lex ad ostendendum quantis quamque aretis vinculis peccatorum constringerentur, qui de suis viribus ad implendam iustitiam praesumebant. – Expos. ad Gal. 26: cognitio enim maioris aegritudinis, et desiderari medicum vehementius fecit.

115 Expos. ad Gal. 24: ut quoniam gratiam caritatis nisi humiliatus accipere non posset, et sine hac gratia nullo modo praecepta Legis impleret, transgressione humiliaretur, ut quaereret gratiam.

116 Kombination aus mehreren Stellen.

117 So bei Augustin. Das ἐνώπιον τοῦ θεοῦ der Septuaginta, das die Übersetzung des hebräischen לפני יהוה ist, zeigt, daß das coram Deo als die ständig gegenwärtige Autorität Gottes auch schon in dem Stand des Menschen gegeben sein kann, den Augustin mit sub lege esse kennzeichnet.

118 Civ. Dei XIV, VI: Voluntas est quippe in omnibus: imo omnes nihil aliud quam voluntates sunt.

119 Conf. X, 65: Tantum consuetudinis sarcina degravat [dignus est. Corp. eccl.]. Hic esse valeo nec volo; illic volo nec valeo; miser utrobique.

120 Expos. ad Rom. XXXVII: Bona est enim Lex; sed sine gratia ostendit tantum modo peccata non tollit.

121 Ep. CCXVII, 12: Non est igitur gratia Dei in natura liberi arbitrii et in lege atque doctrina, sicut pelagiana perversitas desipit; sed ad singulos actus datur illius voluntate.

122 Enchir. XXXI: Tunc ergo efficimur vere liberi, cum Deus nos fingit, id est, format et creat, non ut homines, quod iam fecit; sed ut boni homines simus, quod nunc gratia sua facit: ut simus in Christo Jesu nova creatura.

123 Ioan. Ev. CX, 6: sed iam nos diligent reconciliati sumus ei, cum quo propter peccatum inimicitias habebamus. CXI, 1: Ita mundus reconciliatus ex inimico liberabitur mundo.

124 Ioan. Ev. CVIII, 1: Hoc eis regeneratione collatum est: nam generatione de mundo erant. CXI, 1: ut mundus ex mundo liberaretur.

125 Ep. Ioan. tr. VII, 1: sed si non vultis in ista eremo siti mori, bibite caritatem.

126 Serm. CLXXI, 3: Cum ergo longe a nobis esset immortalis et iustus, tamquam a mortalibus et peccatoribus, descendit ad nos, ut fieret nobis proximus ille longinquus [...] Ille ut esset proximus, suscepit poenam tuam, non suscepit culpam tuam.

127 Civ. Dei XIX, XXV: Proinde virtutes, quas habere sibi videtur [...] rettulerit nisi ad Deum etiam ipsae vitia sunt potius quam virtutes [...] etiam tunc inflatae ac superbae sunt.

128 Auch im Urchristentum (siehe den zitierten Paulusbrief) ist dieses evacuare allein der Grund für die Erwählung des Niedrigen und Verachteten. Es bedeutet *Vernichtung*, aber nicht *Umkehrung* aller menschlichen Verhaltungen. Dies gilt sowohl gegen Nietzsches psychologistische Herleitung aus dem Ressentiment – so sehr diese in jedem Einzelfalle zutreffend gewesen sein mag –, wie gegen Schelers Theorie von dem Edleren, das sich dem Niederen zuneigt (Das Ressentiment im Aufbau der Moralen. Gesammelte Aufsätze und Vorträge Bd. 2).

129 De div. Quaest. ad Simpl. I, 17: Itaque idem praeceptum timentibus lex est, amantibus gratia est.

130 De Trin. XV, 41.

131 Ioan. Ev. LXXXVII, 4.

3. Dilectio proximi.

132 Wenn Holl a. a. O. S. 47 sagt: »An diesem knappen Aufriß bestätigt es sich zunächst, daß der Einfluß des Paulus nicht bis in die letzten Tiefen bei Augustin hinabgereicht hat. Unberührt ist geblieben der eudämonistische Grundzug seiner Ethik und – trotz allen Redens von der caritas – die Einstellung des ganzen Strebens auf das Selbst«, und S. 29: »Es steht damit in Verbindung, daß Augustin die Gebote der Bergpredigt nur von ihrer verneinenden Seite her zu fassen weiß. Das innerste Wesen der Nächstenliebe, ihr Sinn als Wille zu aufopfernder Gemeinschaft blieb ihm verborgen«, so ist dies sicher nicht zu bestreiten. Aber es läßt sich zeigen, daß auch bei Paulus (allerdings nicht in den Worten Jesu) die Nächstenliebe ganz konsequent gebunden bleibt an den Einzelnen und seine Sorge um das eigene Seelenheil, d. h. daß die Frage, die dem Verständnis der Nächstenliebe, wie Jesus sie gebot, zugrunde liegt, heißt: Wie kann ich als ein von Gott Ergriffener und von der Welt Abgetrennter dennoch in der Welt leben?

133 Enchir. CXXI: Omnis itaque praecepti finis est caritas; id est, ad caritatem refertur omne praeceptum.

134 Expos. Ep. ad Gal. 45: Item diligere proximum, id est omnem hominem, tamquam se ipsum, quis potest, nisi Deum diligat, cuius praecepto et dono dilectionem proximi possit implere?

135 En. in Ps. XXV, II, 2: Proximum tuum debes putare omnem hominem et antequam sit christianus. Non enim nosti quid sit apud Deum, quomodo illum praesciverit Deus ignoras.

136 Ioan. Ev. LXV, 1: Innovat quippe audientem, vel potius oboedientem non omnis, sed

ista dilectio quam Dominus ut a carnali dilectione distingueret, addidit: »sicut dilexi vos.«

137 Serm. CCCXXXVI, 2: Ille enim veraciter amat amicum, qui Deum amat in amico, aut quia est in illo, aut ut sit in illo.

138 Ep. CXXX, 14.

139 Ep. Ioan. tr. VIII, 8: Debes velle omnes homines aequales tibi esse.

140 Ioan. Ev. LXXXVII, 4: Ergo et prohibemur diligere in illo quod ipse diligit in seipso; et iubemur diligere in illo quod ipse odit in seipso.

141 Vgl. lib. IV der Confessionen.

142 Ep. Ioan. tr. IX, 10: Numquid potest diligere fratrem et non diligere dilectionem? Necesse est ut diligat dilectionem [...]. Diligendo dilectionem, Deum diligit (vgl. hierzu Civ. Dei XI, XXVII).

143 Timaios 28a: πᾶν δὲ αὖ τὸ γιγνόμενον ὑπ᾽ αἰτίου τινὸς ἐξ ἀνάγκης γίγνεσθαι. 28 b: γέγονεν (ὁ κόσμος = οὐρανός sc.) ὁρατὸς γὰρ ἁπτός τέ ἐστιν καὶ σῶμα ἔχων.

144 Timaios 27d–28a: τί τὸ γιγνόμενον μὲν ἀεί, ὂν δὲ οὐδέποτε. 29a: εἰ μὲν δὴ καλός ἐστιν ὅδε ὁ κόσμος ὅ τε δημιουργὸς ἀγαθός, δῆλον ὡς πρὸς τὸ ἀίδιον ἔβλεπεν.

145 Vgl. die Polemik gegen das ewige Werden (Civ. Dei XII, XI, 12).

146 Timaios 37d: εἰκὼ δ᾽ ἐπενόει κινητόν τινα αἰῶνος ποιῆσαι, καὶ διακοσμῶν ἅμα οὐρανὸν ποιεῖ μένοντος αἰῶνος ἐν ἑνὶ κατ᾽ ἀριθμὸν ἰοῦσαν αἰώνιον εἰκόνα, τοῦτον ὃν δὴ χρόνον ὠνομάκαμεν. 37e: ταῦτα δὲ πάντα (ἡμέρας etc.) μέρη χρόνου, καὶ τό τ᾽ ἦν τό τ᾽ ἔσται χρόνου γεγονότα εἴδη [...]. 38 a: χρόνου ταῦτα αἰῶνα μιμουμένου καὶ κατ᾽ ἀριθμὸν κυκλουμένου γέγονεν εἴδη.

147 Timaios 29b: τούτων δὲ ὑπαρχόντων αὖ πᾶσα ἀνάγκη τόνδε τὸν κόσμον εἰκόνα τινὸς εἶναι.

148 Timaios 30c–d: τῶν μὲν οὖν ἐν μέρους εἴδει πεφυκότων μηδενὶ καταξιώσωμεν — ἀτελεῖ γὰρ ἐοικὸς οὐδέν ποτ᾽ ἂν γένοιτο καλόν — οὗ δ᾽ ἔστιν τἆλλα ζῷα καθ᾽ ἓν καὶ κατὰ γένη μόρια, τούτῳ πάντων ὁμοιότατον αὐτὸν εἶναι τιθῶμεν. τὰ γὰρ δὴ νοητὰ ζῷα πάντα ἐκεῖνο ἐν ἑαυτῷ περιλαβὸν ἔχει, καθάπερ ὅδε ὁ κόσμος ἡμᾶς.

149 Timaios 38c: τὸ μὲν γὰρ δὴ παράδειγμα πάντα αἰῶνά ἐστιν ὄν, ὁ δ᾽ αὖ διὰ τέλους τὸν χρόνον γεγονώς τε καὶ ὢν καὶ ἐσόμενος.

150 Aristot. Περὶ οὐρανοῦ 280a21: ἡ δὲ τοῦ ὅλου σύστασίς ἐστι κόσμος καὶ οὐρανός, οὐκ ἂν ὁ κόσμος γίγνοιτο καὶ φθείροιτο, ἀλλ᾽ αἱ διαθέσεις αὐτοῦ.

151 Aristot. Περὶ οὐρανοῦ 280a24: πρὶν γὰρ γενέσθαι ἀεὶ ὑπῆρχεν ἡ πρὸ αὐτοῦ σύστασις, ἣν μὴ γενομένην οὐχ οἷόν τ᾽ εἶναί φαμεν μεταβάλλειν.

152 Aristot. Μετεωρολογικά, 339a24: πρὸς δέ τούτοις ἡ μὲν (ἀρχή sc.) ἀίδιος καὶ τέλος οὐκ ἔχουσα τῷ τόπῳ τῆς κινήσεως, ἀλλ᾽ ἀεὶ ἐν τέλει· ταῦτα δὲ τὰ σώματα πάντα πεπερασμένους διέστηκε τόπους ἀλλήλων.

153 Vgl. Anm. 3 u. 4.

154 Aristot. Μετεωρολογικά 339a19: ὁ δὴ περὶ τὴν γῆν ὅλος κόσμος.

155 Aristot. Περὶ οὐρανοῦ 300b16–20: Τὸ αὐτὸ δὲ τοῦτο συμβαίνειν ἀναγκαῖον κἂν εἰ καθάπερ ἐν τῷ Τιμαίῳ γέγραπται, πρὶν γενέσθαι τὸν κόσμον ἐκινεῖτο τὰ στοιχεῖα ἀτάκτως. Ἀνάγκη γὰρ ἢ βίαιον εἶναι τὴν κίνησιν ἢ κατὰ φύσιν. Εἰ δὲ κατὰ φύσιν ἐκινεῖτο, ἀνάγκη κόσμον εἶναι.

156 Vgl. für den Einfluß Plotins auf Augustin vor allem Grand-George: Augustin et le Néo-Platonisme, Paris 1896, in dem in sehr instruktiver Weise Parallelstellen aus den Enneaden und den Werken Augustins nebeneinandergestellt sind. – Ferner W. Thimme: Augustins geistige Entwicklung. – Holl: Augustins innere Entwicklung.

157 Enn. II, 1,8: μιμεῖται δὲ ἐν τῷ γίνεσθαι ἢ γεννᾶν τὴν πρὸ αὐτῆς φύσιν.

158 Enn. II, 9, 7: Ἐπεὶ οὐδὲ ἡ σύστασις ὁμοίως τῶι παντὶ καὶ ζώιωι ἑκάστωι· ἀλλ᾽ ἐκεῖ οἷον ἐπιθεῖ κελεύσασα μένειν, ἐνταῦθα δὲ ὡς ὑπεκφεύγοντα εἰς τὴν τάξιν τὴν ἑαυτῶν δέδεται δεσμῶι δευτέρωι· ἐκεῖ δὲ οὐκ ἔχει ὅπου φύγηι.

159 Enn. II, 9, 13: τό τε κακὸν μὴ νομίζειν ἄλλο τι ἢ τὸ ἐνδεέστερον εἰς φρόνησιν καὶ ἔλαττον ἀγαθὸν καὶ ἀεὶ πρὸς τὸ σμικρότερον.

160 Enn. II, 9, 7: Ἐὰν δέ πού τι αὐτῶν κατὰ φύσιν κινηθῆι, οἷς οὐκ ἔστι κατὰ φύσιν, ταῦτα πάσχει, αὐτὰ δὲ καλῶς φέρεται ὡς τοῦ ὅλου· τὰ δὲ φθείρεται οὐ δυνάμενα τὴν τοῦ ὅλου τάξιν φέρειν [...] οὐ δυνηθεῖσα φυγεῖν τὴν τάξιν [...] εἰ μέντοι μετ᾽ ἐκείνης τάξειεν ἑαυτήν, οὐδὲν ἂν ὑπὸ τούτων οὐδ᾽ αὐτὴ πάθοι.

161 Enn. II, 9, 17: Ἔπειτα, ὅτι οὐ ταὐτὸν κάλλος ἐπὶ μέρει καὶ ὅλωι καὶ πᾶσι καὶ παντί.

Dritter Teil.
Vita socialis.

1 Serm. XXXIV, 7: totum exigit te qui fecit te.

2 De Trin. XIII, 5: fides ista communis est [...] sed sicut dici potest omnibus hominibus esse facies humana communis; nam hoc ita dicitur, ut tamen singuli suas habeant.

3 Civ. Dei XIX, XVII: quoniam vita civitatis utique socialis est.

4 Vgl. die durchgehende Zusammenordnung von Christus und Adam im Anschluß an Röm. 5, 12 ff. So z. B. De pecc. merit. et rem. I, 16.

5 Ep. Ioan. VIII, 8: Debes velle omnes homines aequales tibi esse.

6 Serm. XCVI, 6: si homines dicas mundum, totum mundum malum fecit qui primo peccavit.

7 Civ. Dei XIV, I: diximus iam superioribus libris ad humanum genus non solum naturae similitudine sociandum, verum etiam quadam cognationis necessitudine in unitatem concordem pacis vinculo conligandum ex homine uno deum voluisse homines instituere [...] a quibus admissum est tam grande peccatum, ut in deterius eo natura mutaretur humana, etiam in posteros obligatione peccati et mortis necessitate transmissa. – XII, XXII: unum ac singulum (hominem sc.) creavit, non utique solum sine humana societate deserendum, sed ut eo modo vehementius ei commendaretur ipsius societatis unitas vinculumque concordiae, si non tantum inter se naturae similitudine, verum etiam cognationis affectu homines necterentur.

8 Conf. X, 6: [...] in auribus credentium filiorum hominum, sociorum gaudii mei et consortium mortalitatis meae [...] praecedentium et consequentium et comitum vitae meae.

9 Div. quaest. ad Simpl. I, 16: cum dando et accipiendo inter se hominum societas connectatur [...].

10 De div. quaest. 83, qu. 48: credibilium tria sunt genera. Alia sunt quae semper creduntur et numquam intelleguntur, sicut est omnis historia temporalia et humana gesta percurrens; alia quae mox ut creduntur intelliguntur, sicut sunt omnes rationes humanae vel de numeris vel de quibusque disciplinis; tertium quae primo creduntur et postea intelliguntur, [...] wie die divinae res.

11 De Fide rerum quae non vid. 3: sed utique, ut eum probes, periculis tuis nec te committeres, nisi crederes: ac per hoc, cum te committis ut probes, credis antequam probes.

12 Ibid.: Si auferatur haec fides de rebus humanis, quis non attendat, quanta earum perturbatio et quam horrenda confusio subsequatur? – Si ergo non credentibus nobis quae videre non possumus, ipsa humana societas, concordia pereunte, non stabit.

13 Civ. Dei XIV, I: Mortis autem regnum in homines usque adeo dominatum est, ut omnes in secundam quoque mortem, cuius nullus est finis, poena debita praecipites ageret, nisi inde quosdam indebita dei gratia liberaret. Ac per hoc factum est, ut, cum tot tantaeque gentes per terrarum orbem [...] sint varietate distinctae, non tamen amplius quam duo quaedam genera humanae societatis existerent.

14 Civ. Dei XIV, XXVIII: Fecerunt itaque civitates duas amores duo, terrenam scilicet amor sui usque ad contemptum dei, caelestem vero amor dei usque ad contemptum sui.

15 Op. Imp. II, CXC: non imitationem imitationi, sed regenerationem generationi opposuisse Apostolum. CLXIII: sed quia in illo, qui hoc egit, quando id egit, omnes eramus tantumque fuit ac tale delictum, ut eo natura universa vitiaretur humana; quod satis indicat etiam ipsa generis humani tam manifesta miseria. – De nupt. et conc. II, 45: sed ideo per unum hominem dixit (Röm. 5, 12) a quo generatio utique hominum coepit, ut per generationem doceret isse per omnes originale peccatum.

16 Die folgenden Ausführungen lassen die andere Theorie Augustins über die doppelte civitas, sofern sie auf Kain und Abel zurückgeht, absichtlich beiseite. Sie würden die Interpretation unnötig erschweren. Die gute civitas, durch Abel verkörpert, ist ein Vorbote der civitas Dei, die endgültig in faktisch wirksamer Realität erst durch Christus begründet wird. Für eine philosophische Interpretation muß auch das Folgende genügen. Der Hauptort der Erörterung der Kain-Abel-Theorie ist Civ. Dei XV. I, 1 u. 2.

17 Civ. Dei XV, I, 2: Natus est ergo prior Cain ex illis duobus generis humani parentibus, pertinens ad hominum civitatem; posterior Abel, ad civitatem Dei. – C. Jul. Pel. VI, 4: in illo (Christo sc.) peccatum numquam fuit, propter quod omnis *homo prius mundo, non Deo* nascitur.

18 Op. Imp. II, CLXIII: quia in illo qui hoc egit (sc. Adam), quando id egit, omnes eramus [...] et ideo manifestum est, ad illum pertinere omnem qui ex illo successione propaginis nascitur [...].

19 Civ. Dei XII, XXVIII, 1: Nihil enim est quam hoc genus tam discordiosum vitio, tam *sociale natura*. Neque commodius contra vitium discordiae [...] natura loqueretur

humana quam recordationem illius parentis, quem propterea Deus creare voluit unum, de quo multitudo propagaretur [...].

20 Civ. Dei I, IX, 3: Flagellantur enim simul, non quia simul agunt malam vitam, sed quia simul amant temporalem vitam, non quidem aequaliter, sed tamen simul.

21 Civ. Dei XV, I, 2: *Posterius* autem isto (Cain) *peregrinus* (Abel) in saeculo [...] Proinde non quidem omnis homo malus erit bonus, nemo tamen erit bonus qui non erat malus (vgl. Anm. 17, S. 135).

22 Civ. Dei XV, I, 2: Scriptum est itaque de Cain, quod condiderit civitatem (Gen. IV, 17); Abel autem tamquam *peregrinus non condidit.*

23 Ep. Ioan. VIII, 8: Sic ergo debet esse christianus, ut non glorietur super alios homines [...] Excessit ergo homo modum [...] ut supra homines esset, qui supra pecora factus est: et ipsa est superbia.

24 Expos. Ep. ad Gal. 56: Nihil enim ad misericordiam sic inclinat, quam proprii periculi cogitatio [...] Pax igitur et dilectio *communis* periculi cogitatione in corde serventur. 57: Dilige et dic quod voles: nullo modo maledictum erit quod specie maledicti sonuerit, si memineris senserisque te in gladio verbi Dei.

25 De disc. christ. 3: De proximo inventa est tibi regula quia inventus es proximo tuo par tu ipse.

26 Ioan. Ep. tr. X, 3: Et diligendo fit et ipse membrum, et fit per dilectionem in compage corporis Christi.

27 Civ. Dei XIII, XV: etiam ipsam nobis corporis mortem non lege naturae, qua nullam mortem homini Deus fecit, sed merito inflictam esse peccati (vgl. Serm. CCXXXI, 2).

28 Civ. Dei XIII, II: De prima igitur corporis morte dici potest, quod bonis bona sit, malis mala.

29 Serm. CLI, 7: Agit malum, quia movet desiderium malum: non perficit malum, quia me non trahit ad malum. Et in isto bello est tota vita sanctorum.

30 Conf. X, 70: fuga in solitudinem.

31 Ep. Ioan. VIII, 2: Numquid hoc voluit dicere, ut quaecumque bona facimus, abscondamus ab oculis hominum et timeamus videri? Si times spectatores non habebis imitatores: debes ergo videri. 9: Si enim abscondis ab oculis hominis, abscondis ab imitatione hominis, laudem subtrahis Deo.

32 De cat. rud. 31: Duae itaque civitates, una iniquorum, altera sanctorum, ab initio generis humani usque in finem saeculi perducuntur, nunc permixtae corporibus [...].

33 Civ. Dei XIX, XIX: Vgl. den ganzen Abschnitt, der die contemplatio als suavitas der caritas als necessitas gegenüberstellt: [...] si autem imponitur, suscipienda est propter caritatis necessitatem.

34 Zu diesen altchristlichen Vorstellungen, die ursprünglich wohl aus der Stoa stammen, vgl. bei Augustin Ep. Ioan. tr. X, 3 u. 8; Ioan. Ev. CX, 5.

35 Ioan. Ev. LXV, 1: et si patitur unum membrum, compatiuntur omnia membra.

36 Serm. XXIV, 5: Ut membra Christi non discordent, impleant omnia quae in illius corpore sunt, officia sua: faciat oculus in sublimi locatus quod ad oculum pertinet

etc. (vgl. Ioan. Ev. XVIII, 9). – Serm. CCLXVII, 4: officia diversa sunt, vita communis. Sic est Ecclesia Dei [...] in aliis hoc, in aliis illud: singuli propria operantur, sed pariter vivunt (vgl. En. in Ps. XXXII, 21).

37 Ioan. Ep. tr. X, 3: cum enim se invicem amant membra, corpus se amat.

38 Civ. Dei XI, I: [...] de duarum civitatum terrenae scilicet et coelestis, quas in hoc interim saeculo perplexas quodam modo diximus invicemque permixtas [...]

39 Civ. Dei XIX, XIX.

40 Conf. X, 39. 48: nemo securus esse debet in ista vita, quae tota tentatio nominatur (Hiob 7, 1).

41 Civ. Dei XIII, II. XIV, I: Mortis autem regnum in homines usque adeo dominatum est, ut omnes in *secundam* quoque *mortem* cuius nullus est finis, poena debita praecipites ageret, nisi inde quosdam indebita Dei gratia liberaret.

42 Vgl. Anm. 31, S. 136.

Hannah Arendt und *Der Liebesbegriff bei Augustin*[1] – Nachwort

von Thomas Meyer

Die vorliegende Ausgabe von Hannah Arendts *Der Liebesbegriff bei Augustin. Versuch einer philosophischen Interpretation* bietet unverändert den Text der Erstausgabe, die im Oktober 1929 im Berliner *Verlag von Julius Springer* veröffentlicht wurde.[2]

Arendt hatte für den Druck die am 20. September 1928 bei der Philosophischen Fakultät der Ruprecht-Karls-Universität Heidelberg eingereichte Promotionsschrift gleichen Titels[3] »wesentlich« überarbeitet und, was den dritten Teil betrifft, fast gänzlich neu geschrieben. Anlass war die massive Kritik, die Arendts Doktorvater Karl Jaspers (1883–1969) an der eingereichten Fassung geübt hatte.[4]

Hannah Arendts Arbeit orientiert sich an den Gepflogenheiten der Zeit und ist daher sehr akademisch. Sie wird Leserinnen und Leser, die mit ihren anderen Schriften vertraut sind, zunächst einmal irritieren. Doch während alle späteren Bücher Arendts Werke sind, in denen sich die Beziehungen zwischen erklärten Absichten und Inhalt nur nach mehrmaligem Lesen nach und nach erschließen, bietet *Der Liebesbegriff bei Augustin* bei aller Betonung des »Versuchs«-Charakters eine fast scholastische Struktur: Wer die »Einleitung« liest, wird im Haupttext alle angekündigten Punkte erwähnt und abgearbeitet finden. Die Handreichungen für die Lektüre gibt die Arbeit also selbst.

Arendts Studie ist zu ihren Lebzeiten nicht nachgedruckt worden. Sie selbst suchte nach dem Krieg längere Zeit vergeblich in Antiquariaten und schließlich bei dem nunmehr in Heidelberg residierenden Verlag nach einem Exemplar. In den USA ließ Arendt den Text übersetzen, schloss 1962 einen Verlagsvertrag für die Übertragung ab und arbeitete intensiv an der englischen Version, die erst 1996 herausgegeben wurde.[5] Seit den 2000er-Jahren erschienen verschiedene Nachdrucke der Erstausgabe, wobei die beiden von Frauke A. Kurbacher verantworteten Editionen umfangreiche Textinterpretationen, Übersetzungen der zahlreichen fremdsprachigen Zitate und Begriffe sowie ausführliche Register bieten.[6] Die wichtigste Deutung neben Kurbacher legte Tatjana Noemi Tömmel in ihrer Studie über »Wille und Passion« vor.[7]

Im Mittelpunkt dieses Nachworts stehen eine Skizze von Arendts intellektueller Entwicklung bis zum Abschluss der Dissertation, Einblicke in die Entstehungsgeschichte des Buches und die Nachzeichnung der wesentlichen Stationen der Rezeption der Studie bis 1933.

Archiv- und Zeitschriftenrecherchen ließen ein neues Bild des Buches entstehen und werden deshalb hier mitgeteilt. Die *Liebesbegriff*-Monografie ist nicht erst in der jüngeren Zeit »entdeckt« worden, sondern hatte von Beginn an zahlreiche professionelle Leser, die sich zum Teil ausführlich mit dem Buch auseinandersetzten. Die Rezensionen dürften jedenfalls nicht unbeachtet geblieben sein und ihr bei der Etablierung als freie Autorin geholfen haben. Denn als Arendt aus dem volksgemeinschaftlichen Maßnahmen- und Normenstaat der Nationalsozialisten 1933 nach Paris floh, war sie im geistigen Milieu Deutschlands keine Unbekannte mehr.

Wann sich die 1906 in Linden bei Hannover geborene und in Königsberg aufgewachsene Johanna, stets Hannah genannte Arendt erstmals mit Augustinus (354–430) und seinen Schriften beschäftigte, ist nicht zu klären. Sie hörte im Wintersemester 1923/24, also noch vor ihrem Abitur im September 1924, an der Berliner Friedrich-Wilhelms-Universität bei Romano Guardini (1885–1968), der seit dem vorhergehenden Semester als »ständiger Gast der Universität« und »ordentlicher Professor an der Universität Breslau (Katholische Weltanschauung)« lehrte, eine Vorlesung über »Gott und die Welt«.[8] Die Wahl des Professors und die Vorlesung belegen Arendts sehr frühes Interesse an philosophisch-theologischen Fragestellungen.

Als Arendt im Wintersemester 1924/25 das reguläre Studium an der Philipps-Universität in Marburg aufnahm, traf sie dort mit dem Philosophen Martin Heidegger (1889–1976) einen ausgewiesenen Kenner Augustinus' an. Spätestens mit der im Sommersemester 1921 an der Freiburger Universität gehaltenen Vorlesung »Augustinus und der Neuplatonismus«[9] war der Name Heidegger mit dem Kirchenvater inhaltlich verbunden.[10] Aus dem Vorlesungsverzeichnis ist ersichtlich, dass Heidegger für das Sommersemester 1924 erneut Augustinus angekündigt hatte. Tatsächlich aber las er über »Grundbegriffe der aristotelischen Philosophie«.[11]

Wie sehr zu dieser Zeit Augustinus eine zentrale Figur für Heideggers Erarbeitung einer sich von der Metaphysiktradition absetzenden »Fundamentalontologie« war, wird in einem vom Porträtierten abgesegneten Artikel im Handbuch *Religion in Geschichte und Gegenwart* von 1928 deutlich, den der Marburger Kollege und Freund, der Theologe Rudolf Bultmann (1884–1976), verfasst hatte:

> Seine innerhalb der phänomenologischen Schule sich vollziehende Arbeit nimmt die Probleme der antiken Ontologie wieder auf, um sie zu radikalisieren und eine universale Ontologie, die auch die Region der Geschichte umfaßt, zu entwerfen. Das Fundament dieser Problematik bildet der Ausgang vom ›Subjekt‹ im rechtverstandenen Sinne des

›menschlichen Daseins‹, so daß mit der Radikalisierung des Ansatzes zugleich die echten Motive des deutschen Idealismus zu ihrem Recht kommen. Für die Ausbildung des Daseinsverständnisses haben Augustin, Luther und Kierkegaard auf Heidegger eingewirkt, für die Interpretation der Geschichte Dilthey; Aristoteles und die Scholastik waren bestimmend für die strenge Formulierung gewisser ontologischer Probleme. Heideggers Forschung vollzieht sich in einer Methodik und am Leitfaden der Idee wissenschaftlicher Philosophie, wie Husserl sie begründet hat [...]. Heideggers Arbeit hat weder theologische noch weltanschauliche Absichten; wohl aber liegen in ihr Ansätze, die für eine ontologische Grundlegung der Theologie als Wissenschaft fruchtbar sind.[12]

Dass sich Arendt mit Heidegger gleich zu Beginn ihrer Beziehung 1925 über Augustinus austauschte, lässt sich dem überlieferten Briefwechsel entnehmen. Am 13. Mai 1925 erwähnt Heidegger Augustinus' Schrift *De gratia et libero arbitrio* (etwa *Über die Gnade und den freien Willen*), um dann zu schreiben: »Amo heißt, volo ut sis, sagt einmal Augustinus: ich liebe Dich – ich will, daß Du seiest, was Du bist.«[13] Nüchtern kann man feststellen, dass sich die Wendung so nicht bei dem Kirchenvater findet. Es ist dann Arendt, die in einem nicht erhaltenen Brief darauf reagiert und ihrerseits Augustinus zitiert, woraufhin Heidegger am 29. Mai 1925 antwortet: »Deinen Brief mit dem Augustinischen Satz werde ich als tiefes Geheimnis in meiner Seele bewahren.«[14] Um welchen Satz es sich handelt, ist nicht zu erfahren. Ob sich in dem dort erwähnten Tagebuch Arendts, das sie Heidegger zur Lektüre überließ, Überlegungen zu Augustinus befanden, ist ebenfalls nicht mehr festzustellen. In dem in der Library of Congress in Washington, D. C., befindlichen offiziellen Nachlass Arendts lassen sich keine Tagebücher oder andere auf eine Augustinus-Beschäftigung hinweisende Notate aus dieser Zeit ausmachen.[15] Das von Arendt ab Anfang 1925 besuchte »Privatissimum« Heideggers behandelte in erster Linie Fragen zur Phänomenologie Edmund Husserls (1859–1938).

Bultmann gehörte ebenfalls zu den Professoren Arendts. Doch auch aus den bei ihm belegten Seminaren und Vorlesungen in Marburg lassen sich keine unmittelbaren Rückschlüsse auf eine Auseinandersetzung mit Augustinus ziehen. Arendt belegte im Wintersemester 1925/26 bei ihm das Seminar »Die Anthropologie des Paulus« und die Vorlesung »Neutestamentliche Theologie«. Bei dem Altphilologen Paul Friedländer (1882–1968) ging es um die griechische Tragödie und Platon.[16]

Dass in Bultmanns Schüler-Umfeld intensiv über Augustinus nachgedacht wurde, ist bekannt. Mit Gerhard Krüger (1902–1972) und dem mit Arendt freundschaftlich verbundenen Hans Jonas (1903–1993) studierten mit ihr zwei Augustinus-Kenner und Heidegger-Hörer.[17] Jonas hatte die Freiburger Vorlesung im Sommer 1921 unter anderem zusammen mit Karl Löwith (1897–1973) besucht, der sich nunmehr in Marburg bei Heidegger habilitierte.[18] Krüger war sowohl philosophisch wie theologisch sehr gut ausgebildet und mit den zeitgenössischen Debatten in beiden Bereichen bestens vertraut. Doch bei den drei Genannten schweigen die Quellen zu Augustinus in dieser Zeit: Die erhalten gebliebenen Briefe zwischen Arendt, Jonas und Löwith stammen aus wesentlich späteren Jahren. Ob mit Krüger je ein brieflicher Austausch bestand, ist aus Archiven nicht zu erschließen. Arendt findet keinerlei Erwähnung in den Briefen anderer Marburger, und Augustinus ist in den Jahren bis 1926 kein gesonderter Gegenstand der Reflexionen.[19]

Kurzum: Es gibt keinerlei schriftliche Quellen für die Zeit in Marburg, die Auskunft über Arendts Beschäftigung mit dem Bischof von Hippo geben.

Was Marburg angeht, so lohnt allerdings ein zweiter Blick.

Denn die hessische Universität war eines der zahlreichen Ideenlaboratorien der Zeit, hier traf in engen Gassen und Seminarräumen aufeinander, was gerade der »heilige Zeitgeist« (Friedrich Wilhelm Graf) anzubieten hatte. Zu Bultmann, Heidegger, aber auch zu dem Philosophen Nicolai Hartmann (1882–1950), der 1925 nach Köln wechselte, ging »man« hin, der leicht gemachte Wechsel der Studienorte tat ein Übriges dafür, dass sich deren Ruf rasch verbreitete. Die Studierenden waren zudem untereinander gut vernetzt, wie zahllose Korrespondenzen belegen. Zeitungen und Zeitschriften waren damals an der Reproduktion der Debatten in den Geisteswissenschaften, denen man grundsätzlich eine hohe Relevanz für das Verständnis der Gegenwart zubilligte, stark interessiert, was die Sichtbarkeit der Professoren noch erhöhte. Der moderne Medienintellektuelle war zu dieser Zeit längst erfunden, der Rundfunk trug zu dessen Etablierung das Seine bei. All das heißt nicht, dass in Marburg keine klassische Ordinarienuniversität herrschte. Es gab eine allgemein anerkannte Hackordnung mit klaren Hierarchien. Gleichwohl konnten Professoren und Studierende leicht Kontakte knüpfen. Falls bei der Beschreibung der Anschein entstanden sein sollte, Marburg sei eine liberale Stadt und Universität gewesen: Durch die zahlreichen Burschenschaften war stets eine unübersehbare Präsenz der bis ins rechtsextreme Lager reichenden Gruppierungen gegeben.[20]

Das Gesagte steht nicht im Widerspruch zu der Lust an der Diskussion, dem genaueren Beobachten der Entwicklung von Studierenden, die »auffielen« – intellektuell, persönlich, politisch. So waren es nicht zuletzt die studentischen Berichte aus Freiburg, man sandte eine regelrechte Abordnung dorthin, die die Ordinarien in Marburg dazu bewegten, Heidegger zu berufen.[21]

Dass wiederum Heideggers Vorlesungen und Seminare in Marburg die Verwobenheit seines Denkens in die Zeit belegten, war den weiter oben Genannten völlig klar. Sie erhielten durch ihn ein Begriffsmodell, das sie, mal in Aneignung, mal in Abstoßung oder beides in dialektischer Vermittlung, nutzen konnten, um miteinander und mit und über ihre Zeit zu kommunizieren – ohne dabei zu Heideggers »Kindern« zu werden. Vielmehr fanden sie ihre je eigenen Wege in der Auseinandersetzung mit dem vermeintlichen »Zauberer aus Meßkirch«. Gerade die Ambivalenzen der Persönlichkeit und des Denkers Heidegger ließ zahlreiche Studierende erkennen, dass sie an einem radikalen Experiment teilnahmen. Das hatte Folgen, die sehr unterschiedlich ausfielen. Gemeinsam war aber nicht Wenigen: Man wollte dabei sein. Darauf war man bestens vorbereitet und organisierte sich: Arbeitsteilig wurden die Veranstaltungen mitgeschrieben, nicht selten von jenen, die schon in Freiburg dabei waren. Dazu gehörten auch seine Vorträge, die neben Vorlesungen und Seminarpapieren zum nicht geringen Teil von bezahlten Schreibkräften abgetippt und gebunden wurden, um sie Heidegger selbst zu übergeben und untereinander auszutauschen. Dadurch bildeten sich nicht immer feste Gruppen, zugleich belegen überlieferte Briefe aus den Kreisen durchaus Inklusions- und Exklusionsmechanismen mit hoher Dynamik. Arendt war in diese Aktivitäten nicht direkt eingebunden, bekam aber sehr wohl mit, was die anderen taten und ließen.[22]

Das frühe, genuine Interesse an der Theologie wich bei Heidegger nie, wurde aber seit 1923, seit den ersten Begegnungen mit Bultmann, auf neue, komplexere Weise weiterentwickelt. Die beiden besuchten gegenseitig ihre Veranstaltungen, lasen und dachten gemeinsam, waren zusammen für ihre sich stark überschneidende Studentenschaft sichtbar als gegenseitige Anreger.[23] Dass aufmerksame zeitgenössische Leser, wie etwa der Philosoph Ernst Cassirer (1874–1945), in Heideggers erstem Hauptwerk *Sein und Zeit* (1927) etwa Luther und Kierkegaard allgegenwärtig sahen, muss also nicht erstaunen.

Theologie, so ließe sich der kursorische Einblick in das Marburger Milieu zusammenfassen, war Teil der Lebenswirklichkeiten der Studierenden, etwas, mit dem man sich auseinandersetzen musste, wollte man den eigenen Standort philosophisch und politisch genauer bestimmen. So müssen auch die Marburger Briefe zwischen Arendt und Heidegger verstanden werden, wenn sie auf Theologisches zu sprechen kamen. Die wenigen philosophisch-theologischen Bemerkungen der beiden – da Arendts Briefe wohl vernichtet wurden, ist man auf Heideggers Schreiben angewiesen – zeugen jedenfalls von einem tieferen Interesse an dem Themenkomplex innerhalb ihrer Beziehung.

Hannah Arendt immatrikulierte sich im Mai für das Sommersemester 1926 in Heidelberg, wohin Hans Jonas bereits gegangen war. Der dort lehrende Karl Jaspers war mit Heidegger gut bekannt. Die von beiden mit emphatischer Zustimmung gebrauchte, pathetische und zugleich ihrem jeweiligen Selbstbewusstsein Ausdruck gebende Vokabel von der »Kampfgemeinschaft« sollte ihre gemeinsame Kritik an den diversen neukantianischen und anderen Philosophien charakterisieren, war aber ebenso politisch gemeint.[24]

Über Arendt müssen sie sich bei ihren Treffen ausgetauscht haben, in der Korrespondenz taucht sie erst 1929 auf.[25] Angesichts der engen persönlichen und intellektuellen Verbundenheit mit Heidegger auch nach der Trennung war der Wechsel zu dem Heidelberger Geistesverwandten also nur konsequent. Mit Sicherheit hatte Arendt zudem leicht in Erfahrung bringen können, dass Jaspers im Wintersemester 1925/26 eine »Religionsphilosophie«-Vorlesung gehalten hatte, in der er sich wohl auch mit Augustinus beschäftigte.[26]

Arendt setzte in Heidelberg ihr Studium so fort, wie sie es bereits in Marburg begonnen hatte[27]: also neben Philosophie (bei Jaspers: 1926 über die »Geschichte der neueren Philosophie« und »Schelling«, 1927 »Philosophische Weltanschauung« und »Hegel, Phänomenologie des Geistes«, schließlich 1928 »Hegels Geschichtsphilosophie«)[28] protestantische Theologie (bei Martin

Dibelius [1883–1947]; 1926 »Probleme des Apostolischen Zeitalters«, 1928 »Jacobusbrief«) und Altphilologie mit Schwerpunkt griechischer Literatur bei Otto Regenbogen (1891–1966), Hermann Ostern (1883–1944) und dem ihr aus Berlin bereits bekannten Richard Harder (1896–1957).[29] Neu hinzu kamen jetzt Neuere deutsche Literatur bei Friedrich Gundelfinger, der sich ab 1927 offiziell Gundolf nannte (1926 »Klopstock«, »Deutsche Literatur im 17. Jahrhundert«, die für 1927 geplanten Vorlesungen und Seminare bei ihm besuchte sie nicht), zudem Soziologie bei Karl Mannheim (1893–1947; 1927 »Die politische und soziale Bedeutung der Philosophie im 19. Jahrhundert«, 1928 »Soziologische Übungen«).[30] Bei Edmund Husserl (1859–1938) hörte Arendt im Wintersemester 1926/27 in Freiburg die Vorlesung »Einführung in die Phänomenologie«.[31]

Unter den Heidelberger Professoren war es vor allem der bedeutende Philosophiehistoriker Ernst Hoffmann (1880–1952), der sich zu jener Zeit mit Augustinus beschäftigte.[32] Einer seiner Schüler war Max Zepf (1898–1959), der 1926 mit einer Arbeit über »(d)ie literarische Form der augustinischen Confessiones« promoviert wurde.[33] Dass Arendt mit Hoffmann über den Kirchenvater sprach, ist gut möglich. Ein Exemplar der Dissertation mit persönlicher Widmung befindet sich in seiner Bibliothek in Montréal.

Die einzige bislang bekannte Quelle, die etwas über die Motivation, sich mit Augustinus zu beschäftigen, und das Entstehen der Arbeit aussagt, sind die Briefe Arendts an ihren lebenslangen Freund und kurzzeitigen Liebhaber, den Schriftsteller und Essayisten Erwin Loewenson (1888–1963). Am 3. Juli 1927 teilte sie ihm mit, dass sie mit Jaspers das Thema »Der Liebesbegriff bei Augustin« vereinbart habe.[34] Ab dieser Zeit liest sie intensiv Augustinus, zieht sich dafür immer wieder in das »leise« Königsberg zurück. Im Wintersemester 1927/28 wollte sie sich beurlauben lassen und nur an ihrer Dissertation arbeiten, zog dann aber die Beurlaubung zurück. Königsberg schien ihr, abgesehen von Besuchen, etwa bei Freunden in Baden-Baden, der bevorzugte Rückzugsort gewesen zu sein. Loewenson ist in der Folgezeit ihr Gesprächspartner, sie berichtet ihm über Jaspers' Philosophiekonzept, diskutiert Wilhelm Dilthey (1833–1911) mit ihm und analysiert und tröstet sich und Loewenson mit den »Duineser Elegien« Rainer Maria Rilkes – und kommt immer wieder auf »ihren Freund und Gönner Augustin« zurück.[35] Am 12. Dezember 1927 gibt Arendt Loewenson den ersten erhalten gebliebenen Einblick in ihre Lektüre, ihr Verständnis christlicher Theologie – und Augustinus'. Wichtig ist ihr von Beginn an, dass die menschliche »Kapazität« das »Sich-gegen-Gott-stellen« umfasst, das, wenn es absolut gesetzt wird, in der »›Gottesverlassenheit‹«[36] mündet. In der »Gottesverlassenheit« aber »herrscht die Eigenständigkeit der – sagen wir – Vernunft«. Für Arendt ist sie »die einzige Möglichkeit der Philosophie«. Damit ist der Weg vorgezeichnet, der die Eigenständigkeit und Eigenwilligkeit ihrer Arbeit ausmachen wird: dass eine genuin philosophische Deutung der Schriften des Kirchenvaters nicht nur möglich, sondern in diesen Schriften selbst angelegt ist. Das heißt, dass die philosophischen Fragen an die Texte – im Falle Arendts auf den »Liebesbegriff« bezogen – von Augustinus selbst ausdrücklich ermöglicht werden. Ist also eine philosophische Deutung Augustinus' möglich, dann ist es auch erlaubt, die Deutung selbst mit Begriffen vorzunehmen, die die Aussagen erst als philosophische sichtbar machen. So spricht Arendt wiederholt von »Struktur« oder »Einheit«, der »Transzendenz« als »erfahrener Nähe«, dem Verhältnis von Gott, Mensch und Welt untereinander, wenn sie sich den mit Loewenson diskutierten Problemen »christlicher Theologie« widmet.[37] Dass dabei das in Marburg Erlernte eine Rolle spielt, ist keine Frage: Arendt benutzt Grundbegriffe Heideggers, wie »Eigentlichkeit«, »Geschichtlichkeit«, doch nicht *als* Begriffe Heideggers, sondern als Erschließungsmöglichkeiten der Philosophie Augustinus'. Nicht nur Heidegger, der namentlich nicht genannt wird, spielte für Arendts methodische Rahmung der Arbeit eine Rolle. Auch Luthers Kommentare zum Römer- und Galaterbrief des Paulus scheinen ihr wichtig, dazu Kierkegaards Schrift *Der Augenblick*, und auch Bultmann liest sie zu dieser Zeit. Ausdrücklich erwähnt sie dessen *Jesus*-Darstellung, die 1926 erschien.[38]

Was in den Briefen an Loewenson nicht thematisiert wird, wohl aber gegenüber Jaspers, ist die Heidegger'sche Formel vom »volo ut sis«. Jaspers erwähnte sie, aus der Erinnerung abgewandelt in »volo quod sis«, Ende 1927 mit Verweis auf eine Doktorandin, die bei ihm über Augustinus schreiben wolle.[39]

Am 20. September 1928 reichte Arendt schließlich die Arbeit bei der Philosophischen Fakultät ein. Jaspers muss diese Version nach der Übersendung vier Tage später gleich gelesen und dann Arendt zu einem Gespräch gebeten haben, das am 9. Oktober stattfand. Denn einen Tag später lässt Arendt ihn wissen, dass sie die Arbeit, unabhängig vom Zeitaufwand, »durchprüfen werde«.[40] Die Kritik muss scharf gewesen sein, denn Arendt geht in ihrem Brief so weit, dass sie ihre wissenschaftliche Integrität betont. Auch Arendts Marburger Lehrer Heidegger zeigte sich Jaspers gegenüber, wenn auch erst am 20. Juni 1929, enttäuscht und benennt sie gleichzeitig als Schülerin des Kollegen, von dem sie offensichtlich viel gelernt habe.[41]

Nicht das »Durchprüfen« ist Arendts nächste Beschäftigung, denn zunächst gilt es das Gutachten Jaspers' abzuwarten und die mündlichen Prüfungen bei Martin Dibelius (Geschichte des Urchristentums) und Otto Regenbogen (Griechisch) zu bestehen.

Jaspers' Unmut über die Arbeit – und auch die nach seiner Ansicht maßgebliche Prägung durch Heidegger – ist im Gutachten deutlich ablesbar:

> Eine philosophische Interpretation Augustins erfordert die Fähigkeit, bei der Lektüre des zu grossen Teilen rhetorischen

und predigenden Textes jeweils die gedanklichen Strukturen und die hin und wieder glänzend hervorspringenden Perlen, in denen das Gedankliche sich verdichtet, zu bemerken. Eine mühselige Lektüre sieht sich nur von Zeit zu Zeit vor ihr eigentliches Objekt gestellt. Die Verfasserin hat diese Fähigkeit. Sie hat nicht etwa alles, was Augustin über die Liebe sagt, zusammengetragen; sie hat auf wesentliche Gedanken, z. B. Liebe und Erkennen, und auf alle erbaulichen Formulierungen verzichtet. Als Aufgabe stellte sie sich, gedankliche Strukturen in sich zu begrenzen, dadurch sauber herauszustellen und in sich durchzugehen. Während Arbeiten etwa vom Typus Mausbachs (über die Ethik Augustins) sammeln und dann ausgleichend und mildernd darstellen, werden hier einzelne Linien mit Härte nachgezogen und die Positionen, die Augustin auf ihnen einnimmt, in ihrer Schärfe ungemildert stehen gelassen.

Die drei Teile behandeln Augustins Verständnis der Liebe aus drei verschiedenen Ursprüngen: aus dem Todesgedanken, der den irdischen appetitus sinnlos macht, aus dem Gedanken eigentlichen Seins, aus dem Gedanken der Gemeinschaft der Geschichte des Menschen aus Adam. Der erste Teil, der einfachste, ist meines Erachtens völlig durchsichtig, in jedem Punkte vollständig und einwandfrei. Der zweite Teil, sachlich schwieriger und interessanter, wird z. T. breit, bleibt zu anderen Teilen in bloßen Ansätzen stecken. Beim Zitieren sind auch einige Malheurs passiert, die z. T. korrigiert, z. T. auch weiterer Bearbeitung bedürftig sind. Der dritte Teil ist noch nicht abgeschlossen, zeigt aber deutlich den Weg der Untersuchung.

Die Methode ist als sachliches Verstehen zugleich gewaltsam. Vorwort und Durchführung bringen klar zum Ausdruck, daß von den großen Wandlungen Augustin'schen Denkens in der Folge des Lebens ganz abgesehen wird. Weder historische noch philologische Interessen sind maßgebend. Impuls gibt letzthin wohl das Nichtgesagte, durch philosophisches Arbeiten möchte die Verfasserin ihre Freiheit von christlichen Möglichkeiten rechtfertigen, die sie zugleich anziehen. Sie sucht nicht die Systematik der Lehrstücke in einem Ganzen zu erreichen, sondern gerade die Unstimmigkeiten, um darin den Blick auf existentielle Ursprünge des Gedankens zu gewinnen.

Daß sie Worte gelegentlich terminologisch fixiert, wie amor, caritas, dilectio einerseits, cupiditas, concupiscentia andererseits, würde ihr zugestanden sein. Der Gefahr, Augustin etwas sagen zu lassen, was so doch nicht dasteht, ist sie aber nicht immer entgangen. Aufgrund unserer Diskussionen ist einiges repariert. Doch im Hinblick auf die eigentliche Leistung, die ein sachliches Philosophieren in einem historischen Material ist, ist dieser Mangel zwar störend, aber nicht vernichtend. Ich hoffe, daß er auf ein Minimum reduziert ist. Im Hinblick auf ihn kann die übrigens an positivem Gehalt ausgezeichnete und eindrucksvolle Arbeit leider nicht mit der besten Note zensiert werden. Daher II – I.

Jaspers.[42]

Das undatierte Gutachten gibt zum einen knapp und klar den Aufbau der Arbeit wieder und gibt klare Anweisungen für das von Arendt angekündigte »Durchprüfen«. Die mündlichen Prüfungen, abgehalten am 26. November 1928, fallen dann weniger gut aus als die schriftliche Arbeit: Jaspers vergibt eine Zwei bis Drei, Regenbogen und Dibelius jeweils ein Befriedigend, sodass die Arbeit insgesamt mit »Gut (2)« benotet wird.

Arendt, die sich bereits für das Wintersemester in Heidelberg exmatrikuliert hatte, um die Arbeit in Königsberg »durchprüfen« zu können, war in der Folgezeit mit der zunächst erfolglosen Beschaffung von Stipendien beschäftigt. In diesen Monaten trifft sie ihren ehemaligen Marburger Studienkollegen Günther Stern (1902–1992) wieder und lebt fortan mit ihm in Heidelberg, Frankfurt und Potsdam zusammen, wo die beiden am 26. September 1929 im Rathaus von Nowawes heiraten. Gut drei Monate zuvor hatte Arendt in einem ausführlichen Brief Jaspers gegenüber das Ergebnis ihrer umfassenden Überarbeitung der eingereichten Fassung dargelegt und sie ihm übersandt. Insbesondere der dritte Teil über die »Vita socialis« sei neu geschrieben worden. Arendt hatte also Jaspers' Gutachten ernst genommen.[43]

Was erwartet den Leser von Hannah Arendts *Der Liebesbegriff bei Augustin*? Die aus einer Qualifikationsschrift hervorgegangene Studie macht auf den ersten Blick aufgrund der vielen lateinischen Zitate und der verwendeten philosophischen Terminologie den Eindruck eines zeittypischen »Pidgin«.[44] Arbeiten dieser Art finden sich in dieser Zeit häufig in der Literatur zur mittelalterlichen Philosophie und Theologie. Auch im Falle Arendts liegt das nicht zuletzt daran, dass die meisten der behandelten Texte nicht übersetzt waren und im Falle Augustinus' zudem den Absolventen des humanistischen Gymnasiums keine großen Schwierigkeiten bereiteten. Schließlich, und das ist der systematische Punkt, war keine nicht lateinische Begrifflichkeit etabliert, die den Sinngehalt von Augustinus' Termini halbwegs adäquat wiedergegeben hätte.

Zugleich muss man aber, darin stimmen nahezu alle zeitgenössischen Rezensenten überein, die umfassende Kenntnis und die Argumentationsdichte der Arbeit berücksichtigen, wenn man die Machart der Studie verstehen möchte. Offensichtlich dient beides dazu, Augustinus zum Gesprächspartner Arendts zu machen: einer, der nicht selbst, sondern dessen Werk anwesend ist und das radikal auf die vorgegebene Problemstellung hin befragt wird. Arendt legt sich Augustinus zurecht, und dabei wird die Sekundärliteratur nur äußerst sparsam und mit kaum merklichem Einfluss auf den Argumentationsgang einbezogen. Auch schon von

Zeitgenossen vermutete Einflüsse, die in Zusammenhang mit dem »Versuch einer philosophischen Interpretation« stehen, also neben Heidegger und Jaspers vor allem Max Scheler (1874–1928), lassen sich nur umwegig konstruieren. Im Falle Schelers, dessen Werk Arendt sehr intensiv studierte, führt die einzige Erwähnung zu einer scharfen Zurückweisung.[45]

Bleiben Heidegger und Jaspers. Heidegger wird nur einmal erwähnt, und dies, um sich von ihm abzusetzen.[46] Jaspers gar nicht. Den »Einfluss« Heideggers glaubt man überall zu sehen – weisen nicht schon ständig verwendete Begriffe wie »Dasein«, »Existenz«, »Seiendes«, »Zeitlichkeit«[47] darauf hin, um nur diejenigen zu nennen, die immer mit Heidegger in Verbindung gebracht werden – und entsprechend wird die Lektüre gelenkt. Selbst Jaspers war davon überzeugt: Er tadelte Arendt in seinem Dissertationsgutachten für die Übernahme von Heideggers Methode (»Impuls kommt wohl durch das Nichtgesagte«), während er Heidegger gegenüber hervorhob, wie viel sie von ihm gelernt habe. Wie Tömmel und Kurbacher in ihrer Beschäftigung mit dem *Liebesbegriff*-Buch plausibel nachweisen konnten, engt der quasi »natürliche« Blick auf die von Arendt ausdrücklich genannten »Lehrer« die Möglichkeiten des Verstehens der Arbeit ein.

Worum also geht es?

Der unternommene *Versuch einer philosophischen Interpretation* Augustinus' und dessen exegetische Durchführung geben der Arbeit vom ersten Satz an ein eigenständiges Profil, das sie von zahlreichen zeitgenössischen Augustinus-Studien abhebt.

Bereits die *Einleitung* macht das deutlich. Statt einer Rechtfertigung ihrer Frage, einer Einordnung in die Augustinus-Debatten der Zeit, ist Arendt vor allem an den Bedingungen der Möglichkeit philosophischer Deutung eines religiösen Denkers interessiert. Die bei Augustinus ausgemachte »Eigentümlichkeit« wird mit »drei prinzipiellen Punkten« ausgewiesen, »durch die jede

Darstellung entscheidend bestimmt und eingeengt« werde. Das von Arendt behauptete »Nebeneinander verschiedenartigster Gedankengänge«, die »im Alter immer stärker zunehmende dogmatische Gebundenheit« und schließlich die »Tatsache« einer biografisch aufzeigbaren »Entwicklung« sind je eigenständige methodische Entscheidungen der Autorin. Sie werden zugleich verzahnt: Das »Nebeneinander« soll die Aufmerksamkeit von den bislang hervorgehobenen »Widersprüchen« im Denken Augustinus' ablösen, damit, so ist die Arbeit zu verstehen, keine künstlichen Einheitsvorstellungen konstruiert werden müssen. Angeleitet von der »Frage nach Sinn und Bedeutung gerade der Nächstenliebe«[48] zeigt sich im Laufe der Untersuchung das, was Arendt Loewenson gegenüber bereits als ihr Erkenntnisinteresse andeutete: Ist aus dem Wechselspiel zwischen Gott, Welt und Mensch ein im Begriff der »Liebe« grundgelegtes Verständnis des menschlichen Miteinander, einer »vita socialis«, philosophisch begründbar?

Die konkrete Publikationsgeschichte von *Der Liebesbegriff bei Augustin* lässt sich ungewöhnlich gut rekonstruieren.[49] Mit Datum vom 8. Juli 1928, also drei Monate bevor Arendt ihre Arbeit einreichte, schrieb Karl Jaspers an den Leiter des in Berlin ansässigen Julius Springer Verlags, Ferdinand Springer junior (1881–1965):

> Zugleich möchte ich schon darauf hinweisen, dass ich Ihnen im Winter voraussichtlich eine Arbeit einer Schülerin über Augustin vorlegen werde, die sehr gut zu werden scheint, und an der mir persönlich sehr viel liegt, und zwar werde ich bei dieser auf einen Druckkostenzuschuss nicht rechnen können. Diese Arbeit würde ich im Falle der Wahl der von Koschewnikoff vorziehen.[50]

Zwei Aspekte des Schreibens verdienen hier hervorgehoben zu werden. Mit Jaspers' Brief wird zunächst bestätigt, was er später gegenüber Heidegger betonte, nämlich die hohe Erwartung an die Arbeit Arendts. Und angesichts von Jaspers' früh geäußerter Wertschätzung erklärt sich auch die große Enttäuschung angesichts des eingereichten Ergebnisses.

Der zweite Aspekt betrifft den Hinweis auf den Namen »Koschewnikoff«. Dahinter verbirgt sich der 1902 in Moskau geborene und 1968 in Brüssel verstorbene Philosoph und hochrangige Beamte der OEEC, ab 1961 OECD, Alexandre Kojève.[51] Koschewnikoff hatte in Heidelberg 1926 seine Dissertation *Die religioese Philosophie Wladimir Solowjews* eingereicht und das Verfahren aus persönlichen Gründen erst fünf Jahre später, im Januar 1931, abschließen können.[52] Arendt hat wohl später in Paris gelegentlich die berühmt gewordenen Vorlesungen gehört, die Kojève, als Vertreter von ihrem »alten Freund« Alexandre Koyré (1892–1964), von 1933 bis 1939 an der École pratique des hautes études über Hegels *Phänomenologie des Geistes* hielt und die von zahlreichen, später prominent gewordenen Personen besucht wurden.[53]

Am 4. August 1929 jedenfalls wandte sich Jaspers erneut in Sachen Arendt an Springer und fügt seinem Schreiben das Manuskript von »Fräulein Arendt« bei, verbunden mit der Bitte, es unter dem Titel *Der Liebesbegriff bei Augustin* als Heft 9 der von ihm herausgegebenen Reihe »Philosophische Forschungen« zu veröffentlichen. Zudem teilte Jaspers dem Verlag die Anschrift Arendts in »Neubabelsberg bei Berlin« mit. Am Tag danach wird Jaspers der Eingang bestätigt, am 6. August notierte ein Verlagsmitarbeiter: »Manuskript Arendt: S. I–X u. 1–121 + Anmerkungen«.

Eine Woche später wandte sich dann der Verlag erstmals an das »Fräulein Doktor«, bestätigte den Eingang des Manuskripts auch ihr und teilte erste Informationen mit. Der Satz werde in den nächsten Tagen beginnen, man plane mit einer Auflage von 600

Exemplaren plus insgesamt 40 Exemplare, die für Rezensenten, Geschenke bzw. die Autorin vorgesehen waren, wovon wiederum zehn Exemplare »kostenfrei« sein sollten. Arendt bestätigte ihrerseits den Empfang des Schreibens und verwies auf Ergänzungen, die sie aufgrund gerade erschienener Literatur noch machen wolle.[54] Am 23. August ging der Auftrag an die Leipziger Druckerei C. G. Röder, drei Fahnensätze – für Springer, Jaspers und Arendt – herzustellen. Am 2. September liegt der Fahnensatz vor und wird Arendt zugesandt, die wiederum einige Tage später schreibt, dass sie hoffte, in einer 14-tägigen Pause die Korrekturen eintragen zu können, die »ein auswärtiger Philologe« ihr noch mitteilen wolle.[55] Nach einigem technischen Hin und Her ist es der Verlag, der Arendt auf ein Abkürzungsverzeichnis hinweist. Am 29. September informierte »Dr. Hannah Stern« wiederum den Verlag, dass sie zum 1. Oktober nach Heidelberg ziehen werde – und dies mit ihrem Ehemann Günther Stern. Zwei Tage später hält sie die Fahnen in den Händen, es folgen Korrekturdurchgänge, am 7. Oktober bekommt sie die Abzüge. Zehn Tage später verlässt das erste Freiexemplar – nur in ihnen befindet sich die Widmung »Meiner Mutter« – und damit das erste gedruckte Buch den Verlag Richtung Arendt, worüber auch Jaspers informiert wurde. Am 28. Oktober 1929 schreibt Dr. Hannah Stern schließlich, dass das Buch vor ihr liege. Die Rezeption konnte beginnen.[56]

Die Rezeptionsgeschichte von Arendts erstem Buch hat bislang keinerlei nennenswertes Interesse hervorgerufen. Das mag daran liegen, dass die in Elisabeth Young-Bruehls Biografie gemachten Bemerkungen zur Rezeption geglaubt und anschließend zur festen Überzeugung in der Forschung wurden.[57] Zwar sei die Arbeit in bedeutenden Zeitschriften besprochen worden, aber nicht besonders günstig, so die Arendt-Biografin. Zwei von den Rezensenten nicht vergebene »Sünden« habe Arendt begangen: Zum einen habe sie nicht den »Theologen« Augustinus gewürdigt, zum anderen die gegenwärtigen theologischen Interpreten ignoriert, die Augustinus für sich reklamiert hätten. Dass hier eine 23-jährige Jüdin die Philosophien von Heidegger und Jaspers in eigenständiger Weise auf die Schriften des Kirchenvaters angewendet habe, sei ihren Kritikern nicht in den Sinn gekommen oder aber eben genau deshalb hätten sie die Studie abgelehnt. Das klang auf den allerersten Blick plausibel, und nur so lässt sich erklären, dass in der Sekundärliteratur keinerlei Interesse an Arendts Wahrnehmung in der akademischen Welt gezeigt wird.

Wie aber verhält es sich wirklich, und trägt die Rezeption überhaupt etwas zum Verständnis des Textes bei?

Arendts Studie ist nur wenige Monate vor dem mit großem publizistischen Aufwand begangenen 1500. Todestag des am 28. August 430 verstorbenen Augustinus erschienen. Vorsichtig geschätzt liegt die Zahl der 1930 veröffentlichten Bücher und Artikel in den damals gängigen Wissenschaftssprachen zu Leben und Werk des Bischofs von Hippo im unteren vierstelligen Bereich. Insbesondere in katholischen Kreisen beging man das Gedenkjahr mit großem Aufwand, wovon etwa umfängliche Jubiläumsschriften und die Wiederauflage zahlreicher Studien zeugen.[58]

Doch nicht nur die 1500. Wiederkehr des Todestages setzte Augustinus auf die Agenda.

Der Kirchenvater war Teil der Selbstverständigungsdebatten der Weimarer Republik. Die erste deutsche Demokratie sah die Kulmination zahlreicher Erneuerungsbemühungen in der Philosophie – und des Widerstandes dagegen. Platon, Aristoteles, Thomas von Aquin, die mittelalterliche Scholastik, Renaissance und Reformation, vor allem aber Kant, Fichte und Hegel wurden »aktualisiert«. Man setzte ein »Neu« oder »Neo« vor die Namen und Epochen und signalisierte damit, dass die Unübersichtlichkeit der Gegenwart mit einer Relektüre der Klassiker oder des Klassischen zu bändigen wäre. Das war keine bloße Spielerei des Zeitgeistes. Die jeweiligen, vielfach bereits um 1870 sich formierenden Bewegungen, die auch Konversionen einzelner Mitglieder kannten, existierten zum Teil über drei Gelehrtengenerationen, veränderten sich und lösten sich schließlich auf, etwa wenn das Schuloberhaupt verstarb. Oder wenn der scharfe Wind des Zeitgeistes sich drehte. Nur eine einzige der Bewegungen, der sogenannte Neukantianismus, wurde zu einer wichtigen und über längere Zeit konstanten Einflussgröße in den Geisteswissenschaften, ohne dabei auch nur ein annähernd einheitliches Gebilde abzugeben.[59]

Scharfe Debatten, die keineswegs nur Auslegungsfragen betrafen, traten in den nicht zur Ruhe kommenden Grabenkämpfen, die die Geisteswissenschaften seit ihrem fatalen Pakt mit den imperialistisch-kolonialistisch-antisemitischen Ambitionen des Kaiserreichs ausfochten, seit 1871 bzw. 1914 immer mehr über die engen Grenzen der Fachdisziplinen hinaus in die allgemeine Öffentlichkeit.[60] Denn nicht wenige deutsche Professoren nahmen sich nicht nur als Hüter der Weisheit wahr, sondern waren in vielen Fällen tatsächlich stets auf dem Sprung zur Attacke bereite Ideologen, die ihre Deutungsprivilegien in erster Linie in »Kämpfen« artikulierten oder verteidigten. Auch der Neid etablierter Disziplinen auf die Aufsteiger wie »Soziologie« und »die Naturwissenschaften« trugen zu dem Schlachtengemälde bei, das die Weltgeister allzu gern zeichneten.[61] Diese Tendenzen verschärften sich noch, als in der entstehenden demokratischen Gesellschaftsordnung ab 1918/19 die Konkurrenz um die richtige Auslegung und den besten Zugriff auf die Gegenwart den Ordinarien massiv zusetzte und bei nicht wenigen zur Ablehnung des neuen Staates führte bzw. sich radikalisiert fortsetzte.

Dies ist grob schematisch die geistige Situation der Zeit, in der auch Augustinus auf seine Bedeutung für das »Heute« hin befragt wurde, als Arendt sich mit ihm beschäftigte. Ja, ihre Arbeit war, wenn auch nur indirekt, ein Beitrag zu den Debatten der Zeit, wie die Rezeption ebenfalls belegt.

Was also wurde von wem über Arendts Buch geschrieben?

Die wichtigste Besprechung veröffentlichte 1932 der Augustinus-Spezialist Max Zepf in der bereits wenige Jahre nach ihrer Gründung 1925 hoch angesehenen Zeitschrift *Gnomon*.[62] Die wichtigste nicht nur des Umfanges wegen, sondern weil Zepf auf der Grundlage der von Arendt selbst getroffenen Entscheidungen, also methodisch argumentiert. Dem Philosophiehistoriker entgeht zudem Arendts Auseinandersetzung mit aktuellen Aneignungsversuchen nicht. Zepf hebt Max Scheler hervor und sieht darin den Grund für die vorgenommene Abtrennung der Augustinischen Begrifflichkeit gegenüber ihren antiken Ursprüngen. Ebenso wenig kann Zepf die von Arendt betriebene Vereinheitlichungstendenz gegenüber einem nach seiner Überzeugung nicht systematisch ausgeführten, zudem in der Absetzung von der »jüdisch-christlichen« (Zepf) Tradition wenig avancierten »Liebes«-Verständnis von Augustinus gutheißen. Zugleich kann der Rezensent die mehrfach wiederholte Hochachtung für die ambitionierte Arbeit nicht verhehlen. Zepf sieht klar, dass Arendts Interpretation mit Augustinus eine Probe auf die Leistungsfähigkeit der Heidegger'schen Philosophie ist, ohne hier ein Urteil zu formulieren. Und der Rezensent wusste, was er tat, als er genau den offensichtlichsten Bezugs- und Kritikpunkt in Arendts Studie nicht benannte. Denn die Nennung Heideggers hätte ein mögliches Eigenleben der Studie verhindert und wäre auf ein modisches Erzeugnis reduziert worden. Dazu war die Arbeit aber wohl zu wichtig.

1932 erschien eine weitere Auseinandersetzung mit Arendts Buch, die der in Lund lehrende protestantische Theologe Anders Nygren (1890–1978) verfasste.[63] In der gewichtigen *Theologischen Literaturzeitung* schrieb *der* zeitgenössische Fachmann für Arendts Thema, dass ihre Studie im selbst gesteckten Rahmen einer »philosophischen Untersuchung« eine »ausgezeichnete Arbeit«, »sehr gründlich und gediegen« sei.[64] Nygren folgt Arendt sowohl methodisch als auch in ihrem Ergebnis, dass, so der Rezensent, alles um die Bestimmung und Vorstellung von »Nächstenliebe« zentriert sei. Erstaunlich ist, dass Nygren Arendts Analyse so sehr schätzen kann. Zwar bemüht er sich, das »Philosophische« der Untersuchung möglichst nicht zu berühren, doch die bewusst vorgenommene Reformulierung der Reflexionen Augustinus' ins Philosophische, insbesondere deren explizit gemachte Anleihen bei Heidegger und Scheler, hätte den entschiedenen Gegner der Existenzphilosophie und der von ihr inspirierten Theologie auf den Plan rufen müssen. Widerspruch aber blieb hier aus.

Zepfs und Nygrens Analysen gingen zahlreiche Rezensionen voraus, von denen hier nur ausgewählte vorgestellt werden sollen. Am 8. November 1930 erschien in einem der wichtigsten Rezensionsorgane der Zeit, der *Deutschen Literaturzeitung*,[65] auf der ersten Seite eine Besprechung von dem sehr einflussreichen rechtskonservativen Berliner Ordinarius und theologischen Systematiker Reinhold Seeberg (1859–1935).[66] Im Gegensatz zu Zepf hob Seeberg die zur Antike gezogenen Verbindungen hervor und lobte insbesondere die nach seiner Ansicht gelungene Vereinheitlichung von Augustinus' Gedankengängen. Arendt wird bescheinigt, nicht nur sehr gut Augustinus aufgearbeitet zu haben, sondern der Rezensent kann sich vor allem für den Gedanken erwärmen, dass es die »menschliche Societas« sei, auf die der behandelte »Liebesbegriff« ziele. Dass sich der auch in Auslegungsfragen sehr konservative Seeberg an der Terminologie störte, er führt »›Bezüge‹, ›Verhaltung‹ und dergleichen« an, ist konsequent, ändert aber nichts daran, dass der Ethiker Seeberg die Arbeit als sehr gelungen und sorgfältig gearbeitet einschätzt.

Ebenfalls 1930 erschien in der neben der *Theologischen Literaturzeitung* wichtigsten protestantischen Rezensionszeitschrift, dem *Theologischen Literaturblatt*, eine Besprechung von Otto Zänker (1876–1960), der als Generalsuperintendent in Breslau wirkte und 1907 über Augustinus promoviert worden war. Auch Zänker analysiert Arendts Deutung mit Sympathie, auch wenn er nicht alle »Begriffsentwicklungen« und die »aus ihnen gezogenen Folgerungen« gleichermaßen befriedigend und manche Behauptungen überzogen findet. Als »Herzstück« der Untersuchung sieht er die »caritas«/»cupiditas«-Abschnitte an, in denen die Fragen nach der Stellung von »Willen« und »Gewissen« behandelt werden. Doch sowohl das Vorhaben als solches, dem er einen hohen Neuigkeitswert zuweist, als auch die Durchführung bilden Zänkers Auffassung nach »wertvolle Erkenntnisse« für Theologen.[67]

Nicht immer konnten Theologen, da ist Young-Bruehl und der ihr folgenden Arendt-Forschung recht zu geben, »wertvolle Erkenntnisse« aus ihren Darlegungen ziehen. Der bedeutende linkskatholische Religionsphilosoph Johannes Hessen (1889–1971) etwa kann in einer sehr kurzen Anzeige in den *Kant-Studien* Arendts Buch nichts abgewinnen. Hessen, der in seinem sehr umfangreichen Werk stets auf Augustinus setzte, bemängelt nicht zuletzt das Fehlen der umfangreichen Literatur zum Thema.[68]

Ähnlich kurz war die Besprechung von Joseph Ternus (1892–1959) im *Philosophischen Jahrbuch der Görres-Gesellschaft*.[69] Noch weit weniger als Hessen konnte sich der Jesuit für Arendts Untersuchung erwärmen. Mangelnde Klarheit aufgrund mangelnder Stoffbeherrschung, daraus folgend das Verfehlen einer Begründung für die angestrebte »philosophische Interpretation«. Schließlich ist es die bewusste Distanzierung von der »dogmatischen Gebundenheit« des Kirchenvaters, die den Rezensenten das Buch zuschlagen und es, trotz gelegentlich nützlicher Hinweise, als gescheitert betrachten lässt.

Unter den im Ausland erschienenen Rezensionen ist die in der *Revue néoscolastique de philosophie* sicherlich die markanteste. Im Rahmen eines umfangreicheren Referats zu neuerer Augustinus-Literatur kam Fernand Van Steenberghen (1904–1993), ein bedeutender Kenner der mittelalterlichen Philosophie, ausführlicher auf Arendt zu sprechen.[70] Auch Steenberghen verhehlt nicht, dass ihm der »abstrakte«, also rein philosophische Augustinus doch um wesentliche Elemente beraubt wirkt. Die »minutiöse Analyse« kann für ihn nicht darüber hinwegtäuschen, dass Arendt Augustinus »konvertieren« lässt: Ihr Heiliger fällt aus der Geschichte. Man sollte allerdings vorsichtig mit einem allzu schnellen Urteil sein, wenn die angeführten Kritiker, zu denen sich auch der Greifswalder Theologe Hans Eger gesellte,[71] bei Arendt einen Nichttheologen oder Philosophen mittelalterlicher Provenienz, was immer das sein mag, antreffen. Hinter dieser Kritik stehen nicht unbedingt dogmatische Vorstellungen von Augustinus' Denken, obwohl der »Augustinismus« in der Zeit nur sehr schwer von Augustinus-Deutungen abzuheben ist. Bei Van Steenberghen wird man noch etwas anderes vermuten dürfen. Er gehörte zu jenen, die die philosophiehistorische Erforschung des Mittelalters innovativ vorantrieben. Wie etwa bei dem eine Generation älteren Étienne Gilson (1884–1978) ging es auch in Van Steenberghens Schriften um die Ablehnung einengender Oberbegriffe. Die Rede beispielsweise von »Scholastik« als der maßgeblichen Kennzeichnung für die mittelalterliche Philosophie erwies sich als blind für die Vielfalt der Argumente und Gedankenbewegungen. Gilson, Van Steenberghen und andere standen für einen gemäßigten Historismus, also die Anerkennung von Pluralität innerhalb dogmatischer theologisch-philosophischer Debatten.[72] Das ließe sich gut an deren Augustinus-Deutungen zeigen, die gerade aufgrund der angedeuteten Methodik noch heute Beachtung finden. Wogegen sie sich wehrten, und dies geschieht fraglos bei Arendt, war die Entkernung der theologischen Begriffe mittels deren Transformation ins aus ihrer Sicht rein Philosophische.

Nun ist bereits immer wieder auf die »Konstruktion« Arendts hingewiesen worden, die sich ganz aus ihrem philosophischen Interesse an Augustinus' »Liebesbegriff« ergibt. Zeitgenössische Kritiker, so etwa Wilhelm Thimme (1879–1966), der in der *Zeitschrift für Religionspsychologie*[73] 1931 Arendts Buch besprach, nahmen den »konstruktiven« Charakter ihrer Überlegungen zum

Anlass für Kritik. Vor allem die Tatsache, dass »Gott« bei Arendt Ausgangs- oder Zielpunkt der hermeneutischen Ambitionen ist, mag dem Rezensenten nicht einleuchten. Thimme, der zu diesem Zeitpunkt vier Monografien über Augustinus vorgelegt hatte und nach dem Zweiten Weltkrieg bis heute viel genutzte Editionen und Übersetzungen u. a. von dessen *»Bekenntnissen«* und *»Vom Gottesstaat«* verantwortete, zielte rasch auf die Gegenwartsrelevanz der Arbeit.[74] Offensichtlich habe Arendt die selbst vorgelegte Problematik »allzusehr durch Heidegger-Bultmann'sche Brillengläser betrachtet« und dadurch »mehrfach verzeichnet«. Thimmes Einschätzung ist nicht nur ein Hinweis darauf, wie sehr Heidegger die krisensensiblen Theologen intensiv beschäftigte. Dass er hier mit Bultmann zusammengespannt wird, ist keine bloße Rhetorik oder eine Spitze gegen die geistige »Herkunft« Arendts. Vielmehr ist damit eine Denkkonstellation gekennzeichnet, von der sich viele Philosophen und Theologen herausgefordert fühlen mussten. Und weil das so ist, schaut Thimme genauer hin: Arendt verweist in ihrer Arbeit auf Bultmanns in direktem Gespräch und unmittelbarer Auseinandersetzung mit Heidegger entstandenen Text »Die Eschatologie des Johannes-Evangeliums«.[75] Auch wenn Arendt hierbei Heidegger außen vor lässt und dazu nur auf den in dieser Hinsicht nicht ausdrücklichen Anfang des Aufsatzes verweist, war seinerzeit jedem klar, woher mit dem Verweis auf den Text der philosophische und theologische Wind wehte. Spätestens seitdem Bultmann im Mai 1926 sein bereits erwähntes Buch *Jesus* herausgebracht und ausdrücklich gegen eher liberale Kollegen wie etwa Dibelius gerichtet hatte, vor allem aber darin seine intellektuelle Waffenbruderschaft mit Heidegger jedem genauer Lesenden dargelegt hatte, wurde in der Theologie sehr genau geschaut, wie dessen Denken und seine spezifische Begrifflichkeit in die Disziplin einflossen und welche Folgen sie zeitigten.[76] Damit war Arendts Studie hineingezogen in die Auslegungskämpfe der Zeit. Und Thimme war hier keine Ausnahme!

Dass Arendt durch die »Heidegger-Bultmann'sche(n) Brillengläser« auf Augustinus' Schriften blickte, davon war auch Heinrich Barth (1890–1965), der Philosophen-Bruder des berühmten »Römerbrief«-Auslegers Karl Barth (1886–1968), überzeugt, als er ihre Studie innerhalb einer Sammelrezension für die Zeitschrift *Zwischen den Zeiten* ausführlich besprach.[77] Obwohl Bultmann ungenannt bleibt, ist klar, dass der Antipode des Bruders mit gemeint ist. Der sich seinerzeit existenzphilosophisch gebende und der sich radikal verstehenden »dialektischen Theologie«[78] verpflichtete Heinrich Barth sieht Arendts »mit der wohlbekannten Sorgfalt ontologischer Analyse« abgefasste Abhandlung als eine »philosophische Interpretation«. Ihr sei es darum zu tun, den »Traditionsbestand« der Nächstenliebe in den Blick zu nehmen. Ähnlich wie andere Rezensenten – hier allerdings am Kriterium des »philosophiegeschichtlich« oder »historisch« Notwendigen innerhalb von Augustinus' Werk gemessen – ist Barth nicht mit Arendts Konstruktion der drei Komplexe des »Liebesbegriffs« einverstanden. Er nennt den Zugriff in bewusster Gegensatzbildung »kaltbültig«. Hinter dem Urteil stehen zwei miteinander verschränkte Überlegungen: Nach Platon und Kant wird Augustinus für Barth zum Probierstein für eine die Gegenwart erhellende Philosophie, die sich auch an den Methoden der existenzialistischen dialektischen Theologie orientiert. Geprägt ist die eigene Zeit durch die Begriffe »Entscheidung« und »Freiheit«, sodass Augustinus' Werk daraufhin befragt werden muss.[79] Hier gibt die Wiederentdeckung der Ontologie Heideggers den Rahmen vor. Arendts Arbeit steht dabei exemplarisch für die Ausweitung des Heidegger'schen Programms einer »Destruktion« der überlieferten Metaphysik, wie sie 1927 in *Sein und Zeit* angekündigt und in Ansätzen durchgeführt wurde. Die Studie zum Liebesbegriff, so Barths zweite Überlegung, steht stellvertretend für das, was er an Heideggers Programm scharf ablehnt: Nämlich Heideggers Entkoppelung von Tradition und Gegenwart.[80] Noch deutlicher als in Arendts Schrift wird für Barth in Hans Jonas' Untersuchung über *Augustin und das paulinische Freiheitsproblem*[81] die Absicht der existenzphilosophischen Augustinus-Exegese. Für Barth hat Jonas' Deutung ihren Ursprung direkt bei Heidegger und Bultmann: Mit ihnen gemeinsam gehe es Jonas um eine Umwidmungsstrategie, die die Theologie zur Magd der Philosophie macht. Genauer: zur Magd der Existenzphilosophie. Ob übrigens Jonas Arendt sein Buchmanuskript zu lesen gab oder sie bereits die Keimzelle des Buches kannte, einen im Heidegger-Seminar am 21. Januar 1928 gehaltenen, schriftlich präzise ausgearbeiteten Vortrag mit dem Titel »Das Freiheitsproblem bei Augustin«, muss aufgrund der Quellenlage offenbleiben.[82] Jedenfalls verknüpfte Barth die beiden Arbeiten, die für ihn ein authentischer Ausdruck des nicht bloß philosophischen Zeitgeistes sind. Am Ende des Rezensionsessays legt Barth seine Absicht offen und verbindet sie mit der für die dialektischen Theologen und Philosophen dieser Zeit typischen Diagnostik:

> Hier droht unserer wertvollsten Überlieferung von einer Philosophie Gefahr, die durch die Freiheit und Schärfe ihrer Analysen Erstaunliches leistet, die sich dann aber an entscheidenden Punkten merkwürdig robust gebärden kann. Die erwähnten Abhandlungen zogen wir ja nicht in ihrer Eigenbedeutung in Betracht, sondern als Signale einer geistigen Bewegung, deren Auswirkungen vorderhand noch im Dunkel liegen.

Der katholische Moraltheologe Theodor Steinbüchel (1888–1949) nahm in der *Bonner Zeitschrift für Theologie und Seelsorge* ebenfalls Arendts Studie zum Anlass, um ausführlich über die »Probleme der Gegenwartsphilosophie« nachzudenken. So führte er u. a. aus:

> Daß Augustin mit modernster Existenzialphilosophie gedeutet wird, wie in einer Studie von *Hannah Arendt* über Augustins Liebesbegriff gezeigt, wie er die Gegenwart bewegt, erfordert aber – zumal in der Deutung durch Heideggers Existenzialien, die ja für die religiöse Welt nicht bestimmt sind – kritische Reserve. Diese Versuche werden sich in nächster Zeit mehren, aber gerade sie dürften die in der protestantischen Theologie der Gegenwart sehr ernst erörterte Frage nach dem Verhältnis von Ontologie und Theologie (*Löwith, Kahlmann, Heim, Bultmann* u. a.) auch zu größerer sachlicher Klärung bringen, da gerade *Augustin* die religiöse Existenz am ehesten zum Problem stellen kann, weil er als religiöser Denker philosophierte.[83]

Mit diesen Einbettungen von Arendts Schrift in die Debatten der Zeit ist die Übersicht der wichtigsten Rezensionen abgeschlossen.[84]

Arendt selbst wird in diese Debatten in einem Artikel für die *Frankfurter Zeitung* Anfang Dezember eingreifen, der am Ende dieses Nachwortes nachgedruckt wird. Zu dieser Zeit ist Arendt Stipendiatin der »Notgemeinschaft der deutschen Wissenschaft«, die ihr für die Jahre 1930 und 1931 finanzielle Unterstützung zugesagt hatte. Durch Gutachten von Jaspers, Heidegger und Dibelius sowie die Unterstützung weiterer Persönlichkeiten konnte sich Arendt ihrer als Habilitationsvorhaben geplanten Auseinandersetzung mit Rahel Varnhagen widmen und ihre publizistische Karriere vorantreiben. Dabei fand sie die Unterstützung vor allem von Max Rychner (1897–1965), der in Austausch mit Walter Benjamin (1892–1940) stand, einem Onkel zweiten Grades ihres Ehemannes und später einem engen Freund und lebenslangen »Gesprächspartner«.[85]

1930 wird als großes Jubeljahr Augustinus' inszeniert. Ganz der politisch-ökonomischen Dramatik dieser Jahre entsprechend wird der Kirchenvater Teil der Ideologieproduktion. Der sogenannte Augustinismus ist aber selbst im Moment seiner politischen Funktionalisierung eine hochgradig intellektuelle, in den Weltanschauungskämpfen folglich eher stumpfe Waffe.[86] Die mit Abstand wichtigste Figur im Kontext zeitgenössischer Augustinus-Aktualisierungen war der Jesuit Erich Przywara (1889–1972). Der ungemein produktive, auf die Schwingungen der Zeit stets schnell reagierende bedeutende Theologe war an nahezu allen wichtigen Diskussionen in der Weimarer Republik beteiligt. Höhepunkt mag dabei die Auseinandersetzung mit dem protestantischen Theologen Paul Tillich (1886–1965) während der ersten Davoser Hochschulkurse gewesen sein, die vom 18. März bis 14. April 1928 stattfanden.[87]

Przywara nun legte gleich mehrere Texte zu Augustinus im Jubiläumsjahr vor, und sie wirken wie die Auslöser für Arendts Essay. Denn auch Przywara hatte in der *Frankfurter Zeitung* einen Aufsatz zum Kirchenvater publiziert: »Augustinus in der Gegenwart« erschien an prominenter Stelle am 28. August 1930 – also am Todestag. Die kondensierte Fassung eines ausführlichen Artikels von Przywara in den *Kant-Studien*[88] war mit einem ungewöhnlich langen Vorspann der Redaktion abgedruckt worden: Obgleich der Text nur äußerst schwer verständlich sei, müsse er publiziert werden. Denn Przywara zähle zu den zwei, drei »ganz und gar radikalen Geistern«, die einen »substanzhaften Radikalismus« verträten, der, anders als der auf der Linken, kein bloß »formaler« sei. Przywaras Text selbst gipfelt in der Diagnose: »Das aber ist in allen Augustinismen das eigentlich Augustinische: das restlose Sich-drangeben und Sich-vergessen in Gott, wie Er und weil Er Gott ist« – und das geschieht im »›Angesicht des Nichts‹«, ein »Welt-Riß«, der vom »angeschossenen Wild«[89] nicht mehr geheilt werden kann. Der »Kirchenvater der Liebe«, wie Przywara 1923 Augustinus nannte, wird sieben Jahre später zum Diagnostiker der »Krisis der Gegenwart«.[90] 1934 wird Przywara mit seiner aus

»Vorbemerkungen« und Hunderten Seiten übersetzter Augustinus-Texte bestehenden Studie *Augustinus. Die Gestalt als Gefüge* die Rechtfertigung des hier nur Aufblitzenden vorlegen.[91]

Arendts Text in der *Frankfurter Zeitung* erscheint vor diesem Hintergrund nicht nur als erneute Auseinandersetzung mit der aus ihrer Sicht fehlenden Beschäftigung protestantischer Theologen mit dem Kirchenvater. Der Essay wird vielmehr zur Diagnose einer Leerstelle, die die gern als Verschärfung verballhornte katholische Selbst-Ideologisierung besetzen möchte.

Arendts Text ist somit schon Ausdruck der politischen Autorin. Eine esoterische Lesart ihrer Studie über den *Liebesbegriff bei Augustin* hätte mit *Augustin und der Protestantismus* zu beginnen.

Hannah Arendt, *Frankfurter Zeitung* vom 4. Dezember 1930, S. 1, 75. Jahrgang, Nr. 902, Dreimalige Ausgabe:

> Augustin und der Protestantismus
>
> Das 1500. Todesjahr Augustins wird in der gesamten katholischen Welt festlich begangen. In Italien, in Frankreich, in Deutschland stehen die katholischen Zeitschriften unter diesem Zeichen, Veranstaltungen werden zu seinem Gedenken abgehalten, in denen Geistliche und Gelehrte sich Rechenschaft ablegen über die Bedeutung seines Werkes, seiner Person und seiner Wirkung. Im Protestantismus aber ist er zumeist vergessen: so sehr haben ihn die Katholiken als *heiligen* Augustin mit Beschlag belegt, daß die Protestanten eine Scheu davor zu haben scheinen, seinen Namen gleichfalls für sich in Anspruch zu nehmen.
>
> Das war nicht immer der Fall. Im Mittelalter bis Luther hatte der Name Augustin gleicherweise für Orthodoxe wie für Ketzer, gleicherweise für Reformierte wie für Gegenreformierte Geltung gehabt. *Luther* selbst berief sich auf ihn und fühlte sich als sein Nachfolger im selben Maße, wie er Tho-

mas von Aquino und mit ihm die aristotelische Tradition als die Lehre des »törichten Philosophen« ablehnte. Und wirklich ist weder das protestantische Gewissen, der protestantische »Einzelne« noch die protestantische Bibel-Exegese, die mit den Kommentaren des jungen Luther über den Galater- und Römerbrief begann, denkbar ohne die Augustinischen Konfessionen einerseits, ohne die großen Kommentare über Johannes-Evangelium und Johannes-Briefe, über Genesis und Psalme andererseits. Augustin konnte zweifach Ahnherr sein, da er ein Mensch der Spätantike, ein Bürger des Römischen Reiches war, als er die Bildungswelt seiner Jugend verließ, als er zum Christentum übertrat. Er hatte sich in seiner Jugend in allen kulturell-geistigen Strömungen seiner Zeit treiben lassen: er war Manichäer gewesen, dann Skeptiker, dann Neuplatoniker. Seinen Neuplatonismus, das Erbe Plotins, des letzten Griechen, hat er im Grunde niemals aufgegeben: er hat nie aufgehört zu versuchen, die Welt philosophisch-kosmologisch zu begreifen und zu deuten. Vielmehr brachte er in die entstehende katholische Kirche alle jene Elemente der hierarchischen Ordnung, der rhetorischen Beredsamkeit und des Anspruches auf Universalität, auf Grund deren wir heute noch die Kirche als die Erbin des Römischen Reiches ansehen können. Augustin legitimiert dieses Erbe, indem er der Kirche ihre Universalität in seinem »Gottesstaat« (De civitate Dei), ihre eigene Geschichte als weltliche Institution gibt. Er weiß, daß die Kirche ihre Universalität nur gründen kann auf die Universalität des untergehenden imperium romanum, und er gibt ihr das Recht dazu. Man kann die Weite und den Reichtum des Christen Augustin nur verstehen, wenn man die Doppeldeutigkeit seiner Existenz als Römer und/ als Christ in Rechnung zieht, wenn man sich vergegenwärtigt, wie er gerade auf der Grenze zwischen ausgehender Antike und anhebendem Mittelalter steht.

Die Konfessionen geben Zeugnis von dem anderen, dem christlichen Reich, das Augustin bei Abschluß der Antike für die weiteren Jahrhunderte aufschloß: vom Reich der Innerlichkeit. Seele war für die Griechen keineswegs Innerlichkeit gewesen. Seele hatte das Wesen des Menschen dargestellt, aber nicht die geheimnisvollen und unbekannten Horizonte des eigenen Innern, die dem Menschen nicht weniger verborgen sind als die Horizonte der äußeren Welt. Der Grieche kannte diese Horizonte nicht als Geschichte des eigenen Lebens, nicht als Biographie. So gibt es zwar in der griechischen Literatur »Bioi«, Leben großer Männer, von anderen geschrieben (und auch sie stammen erst aus der hellenistischen Zeit); sie dienen zum Ruhme eines bedeutenden Menschen. Bei Augustin ist Lebensrückblick aber gerade nicht zum eigenen Ruhme, sondern zum Ruhme Gottes. Das eigene Leben hat nur deshalb Bedeutung, weil es nicht nur irdisch ist, sondern in ihm entschieden wird über Gottesferne und Gottesnähe, über Sünde und Erlösung. Im Augenblick der Bekehrung ist Augustin durch Gott erlöst; nicht die ganze Welt, sondern er, der Einzelne, der vor Gott steht. Er ist erlöst von seinem sündigen Leben. Und daß er diese Erlösung *bekennt*, geschieht zum Ruhme Gottes und ist menschliches Zeugnis für die Macht Gottes. In diesem Bekennen ist er gezwungen, sich an sein früheres Leben zu erinnern, und zwar an das ganze Leben, weil jedes Moment seines Lebens Sünde war, jedes Moment also die Stärke und das Wunder der Erlösung vergrößert. Dadurch wird das eigene Leben zu einem einheitlich sinnvollen Zusammenhang, zum Weg der Erlösung. Dieses Leben schließt die Erinnerung auf, erst in der Erinnerung gewinnt das Vergangene seinen unvergänglichen Sinn, es wird in ihr aufgehoben. – Es ist oft an dem Wahrheitsgehalt der Konfessionen gezweifelt worden: Augustin übertreibe seine Sünden, stelle – absichtlich oder unabsichtlich –

sein Leben falsch dar, anders als es wirklich gewesen, vergesse alles Gute dieses Lebens; kurz: man meint, die Erinnerung fälsche. Ohne diese Erinnerung aber, ohne diese »Darstellung«, die schon immer etwas wesentlich anderes ist als die nur naiv gelebte Wirklichkeit selbst, wäre uns diese Vergangenheit gar nicht erhalten geblieben; sie wäre vergangen geblieben. Erst die »fälschende« Erinnerung *rettet* die Wirklichkeit. Die Frage nach der »wirklichen« Wirklichkeit, unabhängig von der in den Konfessionen geretteten Wirklichkeit, ist sinnlos. – Die Konfessionen schließen konsequenterweise mit einer langen philosophischen Erörterung über die Erinnerung, in der diese zum Wesen der Innerlichkeit, d. h. des christlichen Menschen wird.

Die Entdeckung der eigenen Innerlichkeit und ihre ganze thematische Durchforschung haben mit der Psychologie oder moderner Reflektierung trotz der tausendfältigen, psychologisch frappanten Einzelheiten nichts zu tun. Denn die Innerlichkeit gilt nicht deshalb etwas, weil sie *meine* und darum interessant ist, sondern weil sie schlecht war und gut geworden ist. Das eigene Leben wird nicht deshalb thematisch, weil es im modernen Sinn individuell und einmalig wäre, nicht weil es seine eigene Entwicklung im Sinne einer Vervollkommnung der Persönlichkeit hätte: es ist *nicht einmalig*, sondern *exemplarisch*: wie es mir geht, kann es allen gehen. Das Selbstbekenntnis hat einen generellen Sinn: So waltet Gottes Gnade in einem Leben überhaupt. Das Leben hat nicht eine autonome Geschichte; sondern das Grundprinzip der Veränderung ist die Bekehrung, [durch] die das Leben in zwei verschiedene Teile zerfällt. Was mithin das Leben zu einem erinnerungswürdigen macht, zu einem Denkmal für den Christen, ist nicht ein immanentes Prinzip des Lebens selbst, sondern das schlechthin Andere, die Gnade Gottes.

In der christlich-europäischen Tradition hat diese Erinnerung zweifache Erben: die Beichte und das Gewissen. Die Beichte aber bedeutet schon eine gewisse Alterierung des ursprünglichen Konfessions-Sinnes; bei Augustin ist der Bekennende zurückgeschlagen in die Einsamkeit seines eigenen Innern und steht mit ihm vor Gott. Daß dieses einsame Gott-ausgesetzt-sein für die Anderen Mahnung und Zeugnis wird, besagt dagegen gar nichts. Augustin bekennt nur Gott, nicht den Menschen, höchstens für diese. Die Beichte aber schiebt jene Instanz zwischen die Beziehung Seele – Gott, die Luther als Veränderung des ursprünglichen Sinnes des Christentums bekämpfte. In sonderbarer Tradition über Jahrhunderte und über die eigentlich katholische Epoche hinweg knüpfte Luther seine Auffassung vom Glaubenden, dessen Gewissen unmittelbar vor Gott steht, bei Augustin wieder an.

So wenig Augustins eigenes Lebensbekenntnis psychologische Absichten hatte, so sehr ist er doch Ahnherr des modernen autobiographischen Romans, und zwar auf dem Umweg über den Pietismus. Die religiöse Rückbesinnung vor Gott verliert mit der allgemeinen Bewegung der Säkularisierung die Autorität, der bekannt wurde, und wird zur Rückbesinnung auf das eigene Leben schlechthin. So zum ersten Male in Deutschland in repräsentativer Weise im Anton Reiser bei K. Ph. Moritz, der, selbst noch aus dem Pietismus stammend, die »erbaulichen« Lebensbeschreibungen der pietistischen Religiösität endgültig ablöste. Der Begriff der Gnade weicht völlig dem der autonomen Selbstentwicklung, und die eigene Geschichte erscheint uns schließlich bei Goethe als »geprägte Form, die lebend sich entwickelt.«.

Anmerkungen Nachwort

1 Für John McCormick (University of Chicago) und Robert Norton (Notre Dame University).

2 Das »Nachwort« konzentriert sich ganz auf den gedruckten Text, wobei das in Arendts Bibliothek am Bard College befindliche, ihrer Mutter gewidmete Exemplar zum Vergleich herangezogen wurde.

3 Siehe Universitätsarchiv Heidelberg, PA Hannah Arendt, H-IV-757_24, Blatt 6.

4 Siehe Brief von Arendt an Jaspers vom 13. Juni 1929, in: KAJ, 41.

5 Hannah Arendt, *Love and Saint Augustine*. Ed. and with an Interpretive Essay by Joanna Vecchiarelli Scott/Judith Chelius Stark, Chicago 1996.

6 Hannah Arendt, Der Liebesbegriff bei Augustin. Versuch einer philosophischen Interpretation. Hg. und mit einem Essay zur Einleitung v. Frauke Annegret Kurbacher, Hildesheim 2006. Die Einleitung findet sich auf den Seiten I–XLVI, der Anhang umfasst nochmals 59 Seiten. Die Übersetzungen stammen von Kirsten Groß-Albenhausen und das Register von Christine Albrecht. Beim Hamburger Meiner Verlag hat Kurbacher 2018 eine weitere Ausgabe herausgebracht, deren wesentlich veränderte Einleitung und sonstige Hinweise sich auf den Seiten VII–LXII finden. Ansonsten wurde alles von der 2006er-Ausgabe übernommen. Bereits 2003 brachte Ludger Lütkehaus einen Nachdruck heraus, den er mit dem Jaspers-Gutachten, Arendts Artikel »Augustinus und der Protestantismus« und einem »Vorwort« ergänzte.

7 Tatjana Noemi Tömmel, *Wille und Passion. Der Liebesbegriff bei Arendt und Heidegger*, Frankfurt/Main 2013.

8 Die Vorlesung ist nicht erhalten, lediglich eine kursorische Mitschrift existiert. Siehe Hanna-Barbara Gerl-Falkovitz (Hg.), Lauterkeit des Blicks. Unbekannte Materialien zu Romano Guardini, Heiligenkreuz im Wienerwald 2013, 134–163. Guardini beschäftigte sich zeitlebens mit Augustinus, wie etwa in seiner Studie *Die Lehre des heiligen Bonaventura von der Erlösung. Ein Beitrag zur Geschichte und zum System der Erlösungslehre*, Düsseldorf 1921, am Rande deutlich wird. Seine wichtigste Auseinandersetzung mit dem Kirchenvater ist: *Die Bekehrung des heiligen Aurelius Augustinus. Der innere Vorgang in seinen Bekenntnissen*, Leipzig 1935. Zu den noch in Arendts Bibliothek erhalten gebliebenen Büchern Guardinis gehört die spätere Deutung *Anfang. Eine Auslegung der ersten fünf Kapitel von Augustins Bekenntnissen*, München 1950.

9 Martin Heidegger, *Phänomenologie des religiösen Lebens*. Hg. v. Matthias Jung, Thomas Regehly u. Claudius Strube, Frankfurt/Main ^{2}2011, 157–299.

10 Siehe dazu: Johannes Schaber, Zur philosophischen Aktualität der augustinischen Trinitätslehre. Martin Heidegger und Augustinus, in: *Münchener Theologische Zeitschrift* 47 (1996), 385–408. Zentral für jedwede Beschäftigung mit Heidegger und Augustinus ist: Ryan Coyne, *Heideggers Confessions. The Remains of Saint Augustine in Being and Time & Beyond*, Chicago 2015.

11 Martin Heidegger, *Grundbegriffe der aristotelischen Philosophie*. Hg. v. Mark Michalski, Frankfurt/Main 2002. Das Vorlesungsverzeichnis der Universität Marburg für das Sommersemester 1924 kündigt als Vorlesungstitel schlicht »Augustinus« (Marburg 1923, 12) an.

12 Rudolf Bultmann, Heidegger, Martin, in: *Religion in Geschichte und Gegenwart*. Bd. II: E–H, Sp. 1687 f., Tübingen 1928. Das von Hermann Gunkel und Leopold Zscharnack neu herausgegebene *Handwörterbuch für Theologie und Religionswissenschaft* wurde gegenüber der ersten Auflage von 1909 bis 1913 (hg. v. Friedrich Michael Schiele u. Zscharnack) völlig neu bearbeitet. – Siehe zu dem Artikel und zum Verhältnis Heidegger/Bultmann: Rudolf Bultmann/Martin Heidegger, *Briefwechsel 1925 bis 1975*. Hg. v. Andreas Grossmann u. Christof Landmesser. M. e. Geleitwort v. Eberhard Jüngel, Frankfurt/Main 2009.

13 Das bei Heidegger in der Korrespondenz mit Freundinnen zur Formel gewordene »volo, ut sis« wiederholt er in einem Brief vom 7. Dezember 1927 an Arendt, also nach dem Ende des Verhältnisses mit ihr. Am nächsten kommt die Stelle im Johannes-Kommentar VIII, 10, die Arendt auf Seite 96 ihrer Arbeit zitiert: »Non enim amas in illo quod est: sed quod vis ut sit.« Variationen davon tauchen gelegentlich in Augustinus' Werk auf, sodass man gern von einer Zusammenfassung Heideggers spricht. Siehe KAH, 59.

14 KAH, 31, 33.

15 Es kann nicht ausgeschlossen werden, dass sich in privater Hand noch Dokumente befinden.

16 Paul Friedländers letztlich buchlange Studie »Die griechische Tragödie und das Tragische« erschien 1925/26 in drei Teilen in der Zeitschrift *Die Antike* und wurde in die 1969 postum vorgelegte, aber noch von Friedländer bis auf das Register selbst bearbeitete Textsammlung *Studien zur antiken Literatur und Kunst*, Berlin 1969, 107–181, aufgenommen. Friedländers Hauptwerk *Platon* erschien 1928–1930 in zwei Bänden.

17 Gerhard Krüger hat sich in seiner vor allem in den Jahren 1925 bis 1928 bei Heidegger entstandenen, 1929 eingereichten Habilitationsschrift mit Augustinus auseinandergesetzt. Die gekürzte Fassung erschien als: *Philosophie und Moral in der Kantischen Kritik*, Tübingen 1931.

18 Karl Löwith, *Das Individuum in der Rolle des Mitmenschen. Ein Beitrag zur anthropologischen Grundlegung der ethischen Probleme*, München 1928. Arendt las die Arbeit sehr genau, wie das in ihrer Bibliothek im Bard College befindliche Exemplar belegt.

19 Insbesondere die Bestände von Hans Georg Gadamer, Leo Strauss und Jacob Klein wurden hierzu konsultiert.

20 Erinnert sei hier nur an die Morde von Mechterstädt im Jahr 1920. 15 Arbeiter wur-

den dabei von 14 Marburgern, in einer sogenannten Wachmannschaft organisierten Burschenschaftlern und Corps-Studenten ermordet. Der politisch motivierte Freispruch löste umfassende Proteste aus, die jedoch sämtlich keine juristischen Folgen zeitigten.

21 Insbesondere die Eindrücke, die Hans-Georg Gadamer (1900–2002), Gerhard Krüger und Leo Strauss (1899–1973) mitteilten, beeindruckten vor allem Paul Natorp (1854–1924), den mächtigsten Marburger Philosophen zu dieser Zeit. Nach Krügers Berichten aus dieser Zeit wollte man in Marburg gesichert wissen, dass Heidegger nicht jüdisch sei!

22 Das lässt sich aus dem Briefwechsel mit Heidegger ersehen.

23 Dies kann hier nicht in extenso ausgeführt werden. Zu dem Theologen Bultmann maßgeblich ist die Biografie von Konrad Hammann, *Rudolf Bultmann. Eine Biografie.* Dritte, durchgesehene u. ergänzte Aufl., Tübingen 2012. Kritikpunkte führt die kluge Rezension der Historikerin Anne Chr. Nagel auf dem Portal H-Soz-Kult (https://www.hsozkult.de/publicationreview/id/reb-14787, letzter Abruf 24. Februar 2021) zur Erstauflage von 2010 an.

24 KJH, 29 f. Heidegger prägte den Begriff, den Jaspers sofort positiv aufnahm. Die entsprechenden Briefe stammen vom 27. Juni bzw. 2. Juli 1922.

25 KJH, 121 f. Der Brief von Jaspers an Heidegger ist auf den 20. Juni 1929 datiert. – Studierende stellten sich in der Regel den Professoren persönlich vor, wenn sie eine engere Zusammenarbeit anstrebten. Spätestens im Mai 1926 also dürfte Jaspers gewusst haben, dass Arendt von Heidegger »kommt«.

26 Laut Georg Hartmann, DLA Marbach, wurde das Material der Vorlesung, sofern sich das in dem dynamischen Nachlass noch sagen lässt, für spätere Arbeiten genutzt. Ein Verfahren, das Jaspers, so Hartmann, über viele Jahrzehnte handhabte, nämlich die zahllosen undatierten Manuskripte ineinanderzuschieben. Fest steht, dass Jaspers die viel gelesene und diskutierte zweibändige Studie des bedeutenden katholischen Moraltheologen Joseph Mausbach (1861–1931) über die *Ethik des heiligen Augustinus*, Freiburg 1909, rezipierte und später, so in seinem Gutachten zu Arendts Dissertation, sehr kritisch bewertete. Zu Augustinus siehe vor allem: Karl Jaspers, *Die großen Philosophen*, München 1957, 319–396.

27 Die Angaben sind der Studien- und Promotionsakte Arendts entnommen, die im Heidelberger Universitätsarchiv liegt.

28 Arendt steht in der Hörerinnenliste der Vorlesung über Kants »Kritik der reinen Vernunft« im Wintersemester 1928/29. Im Studienbuch ist dazu nichts eingetragen. Im Herbst 1928 lebte sie nicht mehr in Heidelberg, sondern arbeitete in Königsberg.

29 Siehe Gerhard Schott: Richard Harder: Klassischer Philologe, erster Interpret der Flugblätter der ›Weißen Rose‹ und das ›Institut für Indogermanische Geistesgeschichte‹, in: Elisabeth Kraus (Hg.), *Die Universität München im Dritten Reich. Aufsätze.* Bd. 2, München 2008, 413–500.

30 Alle Angaben beziehen sich auf die Sommersemester. Arendt ließ sich einmal beurlauben, im Wintersemester 1927/28 war sie ebenfalls beurlaubt, um ihre Dissertation vornehmlich in Königsberg und Berlin schreiben zu können.

31 Teile davon sind enthalten in: Edmund Husserl, *Zur Phänomenologie der Intersubjektivität: Texte aus dem Nachlaß.* Zweiter Teil. 1921–1928 (Husserliana XIV). Hg. v. Iso Kern, Den Haag 1973. Zu der Vorlesung und ihrer Überlieferung siehe die Bemerkungen Kerns, 393.

32 Davon zeugt vor allem sein buchlanger Aufsatz über »Platonismus und Mittelalter«, der im III. Band der Vorträge der Bibliothek Warburg (1923/24) erschienen ist, Leipzig 1926, 17–82. Hoffmann las Anfang der Dreißiger Augustin und widmete seinem engen Freund Ernst Cassirer in einer 1936 in Oxford erschienenen Festschrift den Aufsatz »Platonism in Augustins Philosophy of History« (ed. by Raymond Klibansky/Herbert James Paton), 173–190.

33 Max Zepf, *Augustins Confessiones*, Tübingen 1926. Hoffmann nahm den Band in die von Heinrich Rickert und ihm herausgegebene Reihe »Heidelberger Abhandlungen zur Philosophie und ihrer Geschichte« auf. Zudem publizierte Hoffmann die in großen Teilen bei Franz Boll (1867–1924) geschriebene und in den Folgejahren sehr kontrovers diskutierte Dissertation von Viktor Stegemann, *Augustins Gottesstaat*, Tübingen 1928, in der Reihe. Der Altphilologe und Philosoph Stegemann lebte von 1902 bis 1948.

34 DLA Marbach, Nachlass Erwin Loewenson. Briefe an Arendt. Siehe dazu auch Tömmel, 203ff.

35 So in einem Brief vom 27. Oktober 1927. – Wie wichtig Loewenson für Arendts Interesse an politischen, das heißt nicht zuletzt: zionistischen Fragen ist, kann hier nicht diskutiert werden. Der von Arendt selbst immer wieder benannte Kurt Blumenfeld (1883–1963) jedenfalls war in keinem Falle der Einzige, der sie »politisierte« oder für den Zionismus interessierte.

36 Ein in dieser Zeit viel diskutierter Begriff, auch von Jaspers.

37 Die Briefe Loewensons fehlen.

38 Rudolf Bultmann, *Jesus*, Berlin 1926. Drei Jahre später erschien unverändert das »6. bis 8. Tausend«. Arendts Exemplar weist zahlreiche Fragezeichen auf, die sie vor allem zu Bultmanns »Gesetzes«-Verständnis vermerkt. Insgesamt scheint sie Bultmanns Überlegungen skeptisch gegenübergestanden zu haben.

39 Ich danke Georg Hartmann vom DLA Marbach sehr herzlich für den Hinweis. Herr Hartmann bereitet den Briefwechsel zwischen Jaspers und dessen Schwager Ernst Mayer (1882–1953) für eine Auswahlpublikation vor.

40 KAJ, 39.

41 KJH, 121f.

42 Universitätsarchiv Heidelberg, PA Hannah Arendt, H-IV-757_24, Blatt 2 und 3, transkribiert nach dem handschriftlichen Original. Erstmals wurde das Gutachten in KAJ, 723–724 veröffentlicht, allerdings in einer Version, die sich in Jaspers' Nachlass befindet. Hieraus erklären sich kleinere Abweichungen.

43 KAJ, 41.

44 Zitate aus dem Altgriechischen kommen gelegentlich vor, nur einmal zitiert Arendt auf Hebräisch.

45 Siehe Anm. 128, S. 132.

46 Siehe Anm. 41, S. 127.
47 Es ließe sich eine ebenso lange Liste von vermeintlich Heidegger'schen Begriffen in der Arbeit ausmachen, allen voran der der »Geschichtlichkeit«, die in schroffem Gegensatz zu der in *Sein und Zeit* zu findenden Verwendung benutzt werden.
48 S. 19.
49 Mein herzlicher Dank geht an Frau Renate Bayaz und Herrn Frank Schindler vom Verlag Springer Nature und Frau Anke Spille von den Berlin-Sammlungen in der Berliner Stadtbibliothek, wo das Archiv des Springer Verlages aufbewahrt wird.
50 Karl Jaspers, *Ausgewählte Verlags- und Übersetzerkorrespondenzen*. Hg. v. Dirk Fonfara, Basel 2018, 330 f. Das Original des Briefes befindet sich im Springer Archiv, Karton 259, B A 68.
51 Von der inzwischen umfangreichen Literatur zu Kojève siehe die Gesamtdarstellung: Marco Filoni, *Il filosofo della domenica. La vita e il pensiero di Alexandre Kojève*, Turin 2008. Als kritische Auseinandersetzung zentral: Stanley Rosen, *Hermeneutics as Politics*, Oxford [2]1989, 87–140, und seine persönlichen Erinnerungen in: ders., *Metaphysics in Ordinary Language*, Yale 1999, 258–278.
52 Die eingereichte Fassung mit Korrekturen, Annotationen und Hinweisen ist digitalisiert: https://digi.ub.uni-heidelberg.de/diglit/koschewnikoff1926/0001 (letzter Abruf 8. März 2021). Die Dissertation ist nie veröffentlicht worden. Eine Art Zusammenfassung erschien in der Zeitschrift *Der russische Gedanke*, 1 (1930), 305–324. Im Nachlass von Kojève in Paris findet sich ein weiteres, über 600-seitiges Manuskript (NAF 28320, Box 6).
53 Alexandre Kojève, *Introduction à la lecture de Hegel. Leçons sur la phénoménologie de l'esprit, professées de 1933 à 1939 à l'Ecole des Hautes-Etudes*. Ed. Raymond Queneau, Paris 1947. Arendts Besuche sind nicht belegt, Günter Anders »glaubt« viele Jahre später in Briefen, Arendt sei dabei gewesen. In ihrer Bibliothek finden sich die deutsche und die englische Teilübersetzung der Vorlesungen.
54 Wie aus dem Text ersichtlich, ist einzig Heideggers »Vom Wesen des Grundes« aus dem Erscheinungsjahr 1929 aufgenommen worden. Der Band erschien im Frühjahr 1929 gleich zweimal, einmal als Beitrag in der Festschrift für Heideggers Lehrer und Vorgänger in Freiburg, Edmund Husserl, sodann als selbstständige Schrift. Arendt traf Heidegger in Heidelberg im Herbst 1929.
55 Hierfür kommen mehrere Personen infrage: Ernst Grumach (1902–1967) und Felix Grayeff (1906–1981) sind wohl am wahrscheinlichsten.
56 Leider konnte nicht festgestellt werden, ob und, wenn ja, wo die Besprechungen von Karl Eschweiler (1886–1936) und Robert Grosche (1888–1967) erschienen, die im Arendt-Konvolut des Springer-Archivs erwähnt werden.
57 Elisabeth Young-Bruehl, *Hannah Arendt. For Love of the World*, New Haven/London 1982, 75. Young-Bruehl wiederholt hierbei (505), was in der unveröffentlichten Dissertation von Robert (Eric) Meyerson, *Hannah Arendt. Romantic in a Totalitarian Age*, University of Minnesota 1972, 39 ff., zu lesen ist.
58 Exemplarisch sei genannt: *Aurelius Augustinus. Die Festschrift der Görres-Gesellschaft zum 1500. Todestage des heiligen Augustinus*. Hg. v. Martin Grabmann/Joseph Maus-

bach, Köln 1930. In Frankreich erschien beispielsweise eine Augustinus gewidmete Nummer der Zeitschrift *Archives de philosophie*, in der u. a. die bekannten Jesuiten Charles Boyer (1884–1980) und Ferdinand Cavallera (1875–1954) schrieben. In Italien stellte das sogleich in zahlreichen europäischen Ländern übersetzte, schon 1929 erschienene Buch *Sant' Agostino* von Giovanni Papini (1881–1956) alle anderen Publikationen in den Schatten. Siehe dazu die Bibliografie in der parallel zu Arendts Buch erschienenen Monografie von Étienne Gilson, *Introduction à l'étude de Saint Augustin*, Paris ^{2}1943, 325–351. Arendts Buch wird in der wesentlich veränderten zweiten Auflage auf Seite 338 aufgeführt.

59 Siehe Klaus Christian Köhnke, *Entstehung und Aufstieg des Neukantianismus. Die deutsche Universitätsphilosophie zwischen Idealismus und Positivismus*, Frankfurt/Main 1993 und Ulrich Sieg, *Aufstieg und Niedergang des Marburger Neukantianismus. Die Geschichte einer philosophischen Schulgemeinschaft*, Würzburg 1994.

60 Siehe dazu jetzt maßgeblich: Robert Norton, *The Crucible of German Democracy. Ernst Troeltsch and the First World War*, Tübingen 2021. Arendt, die Troeltsch intensiv las, benutzt dessen große Augustinus-Studie – *Augustin, die christliche Antike und das Mittelalter*, München 1915 – nicht für ihre Arbeit, allerdings ließen sich Elemente von Troeltschs Analyse im Teil über die »Vita socialis« ausmachen.

61 Exemplarisch seien hier die drei zusammengehörenden Studien von Ulrich Sieg genannt: *Deutschlands Prophet. Paul de Lagarde und die Ursprünge des modernen Antisemitismus*, München/Wien 2007; *Geist und Gewalt. Deutsche Philosophen zwischen Kaiserreich und Nationalsozialismus*, München 2013; *Die Macht des Willens. Elisabeth Förster-Nietzsche und ihre Welt*, München 2019.

62 Max Zepf, Rez. Hannah Arendt, Liebesbegriff bei Augustin, in: *Gnomon* 8 (1932), 101–105. Auf die Besprechung wurde in zahlreichen kommentierten Bibliografiezeitschriften und -jahrbüchern hingewiesen. Exemplarisch seien das *Bolletino di Filologia Classica* XXXIX (1932/33), 162, und die *Harvard Theological Review* genannt, die zu Gustav Krügers *A Decade of Research in Early Christian Literature. 1921–1930*, eine Bibliografie veröffentlichte: 26 (1933), 173–321, hier: 305.

63 Anders Nygren, Rez. Hannah Arendt, Liebesbegriff bei Augustin, in: *Theologische Literaturzeitung* 57 (1932), Sp. 495–497. Sie erschien auch leicht abgewandelt auf Schwedisch: Anders Nygren, H. Arendt, Liebesbegriff, in: *Svensk Teologisk Kvartelskrift* 8 (1932), 267–269.

64 Nygren hatte 1930 auf Schwedisch eine zweibändige Studie über »Eros och Agape« publiziert, deren erster Band zeitgleich auf Deutsch als Anders Nygren, *Eros und Agape. Gestaltwandlungen der christlichen Liebe*. Bd. 1, Gütersloh 1930 erschien. Der zweite Band kam 1937 in Gütersloh heraus. In diesem zweiten Band verwies er auf Arendts Arbeit im Rahmen einer ausführlichen Auseinandersetzung mit Augustinus.

65 Reinhold Seeberg, Rez. Hannah Arendt, Liebesbegriff bei Augustin, in: *Deutsche Literaturzeitung* 1 (1930), Sp. 2114–2116.

66 Noch immer maßgeblich zu Seeberg: Günter Brakelmann, *Protestantische Kriegstheologie im Ersten Weltkrieg. Reinhold Seeberg als Theologe des dt. Imperialismus*, Bielefeld

1974, sodann vor allem Friedrich Wilhlem Graf, *Der heilige Zeitgeist. Studien zur Ideengeschichte der protestantischen Theologie in der Weimarer Republik*, Tübingen 2011, 211–263. Ebenfalls wichtig: Stefan Dietzel, *Reinhold Seeberg als Ethiker des Sozialprotestantismus: Die »Christliche Ethik« im Kontext ihrer Zeit*, Göttingen 2013. – Seeberg war ein äußerst einflussreiches Mitglied der »Notgemeinschaft der deutschen Wissenschaft«.

67 Viel diskutiert wurde in dieser Zeit u.a. die Frage, inwieweit Augustinus eine »Entwicklung« weg von einer frühen »antiken« Phase, also ein historistisches Argument, oder, wie von Arendt angenommen, eine gleichbleibende »Treue« zu den antiken Quellen in seinen Schriften betreibe. Maßgeblich für das Entwicklungsargument wurde die auch von Zänker angeführte Arbeit von Hermann Reuter, *Augustinische Studien*, Gotha 1887. Sie markiert gemeinhin den Beginn der modernen Augustinus-Forschung. Siehe den sehr guten Überblick zur Augustinus-Literatur vor Arendt von Hermann Dörries, Fünfzehn Jahre Augustin-Forschung, in: *Theologische Rundschau*, N.F. 1 (1929), 217–240, hier: 220f.

68 Johannes Hessen, Rez. Hannah Arendt, Liebesbegriff bei Augustin, in: *Kant-Studien* 36 (1931), 175. Hessen selbst kam zu dem Schluss, dass nur die »streng historische« Lesart Augustin gerecht werde. Siehe Johannes Hessen, Die Methode der Augustinusforschung, in: *Archiv für Geschichte der Philosophie* 40 (1931), 497–503, hier: 503.

69 Joseph Ternus, SJ, Rez. Hannah Arendt, Liebesbegriff bei Augustin, in: *Philosophisches Jahrbuch der Görres-Gesellschaft* 43 (1930), 407f.

70 Fernand Van Steenberghen, La philosophie de S. Augustin, in: *Revue néoscolastique de philosophie* 34 (1932), 366–387, hier: 383–385. Steenberghen fasst gezielt Arendts Arbeit mit der von Hans Jonas zusammen. Einige Rezensionen, wie etwa in der *Revue des sciences philosophiques et theologiques* 19 (1930), 580, gehen über Inhaltsangaben oder das im Text Vorgetragene nicht hinaus.

71 Siehe Hans Eger, Rez. Hannah Arendt, Liebesbegriff bei Augustin, in: *Zeitschrift für katholische Theologie* 55 (1931), 493f. Zwei Jahre später legte Eger eine Studie zur *Eschatologie Augustins* vor, die bis heute benutzt wird. Eger gehört merkwürdigerweise zu den wenigen Rezensenten, die in der Forschung genannt werden, obwohl die Besprechung ohne jede Signifikanz ist. Siehe z.B.: Rosa Kassandra Coco Schinagl, *»Dieser Satz traf mich mitten ins Herz, also darf ich ihn doch haben.« Liebe als philosophisch-theologisches Konzept in Hannah Arendts Denken*, Stellenbosch 2012, 105f. oder Liisi Keedus, *The Crisis of German Historicism: The Early Political Thought of Hannah Arendt and Leo Strauss*, Cambridge 2015, 51.

72 In Arendts Bibliothek finden sich insgesamt neun Studien von Gilson.

73 Wilhelm Thimme, Rez. Hannah Arendt, Liebesbegriff bei Augustin, in: *Zeitschrift für Religionspsychologie* 4 (1931), 245. Zu den zahlreichen, ähnliche Ambivalenzen artikulierenden Erwähnungen Arendts nach dem Zweiten Weltkrieg gehörte auch der große Kirchenhistoriker Hans von Campenhausen (»Neuere Augustin-Literatur. Teil 1«, in: *Theologische Rundschau* N.F. 17 [1949], 51–72, hier: 63). Campenhausens Bericht versteht sich ausdrücklich als Fortsetzung des Berichts von Dörries von 1929!

74 Thimme verantwortete u.a. eine Augustinus-Ausgabe für den Zürcher Artemis-Ver-

lag, von wo aus seine Editionen zu populären Verlagen wie etwa dtv wanderten. Über Thimme, der sich früh publizistisch gegen den Nationalsozialismus stellte und der »Bekennenden Kirche« anschloss, liegt keine Studie vor.

75 Rudolf Bultmann, Die Eschatologie des Johannes-Evangeliums, in: *Zwischen den Zeiten* VI (1928), 4–22. Im Wintersemester 1924/25 lasen Bultmann und Heidegger gemeinsam das Johannes-Evangelium.

76 Siehe zu diesem Teil des Komplexes Bultmann/Heidegger die instruktive Studie von Konrad Hammann, Die Entstehung von Bultmanns Jesus-Buch, in: *Zeitschrift für Theologie und Kirche* 107 (2010), 191–214. – Auf die antijudaistischen Aspekte von Bultmanns Auslegungen, das Gerede von »Rechnerei« oder die Ausführungen zum »Gesetz« etc., kann hier nicht eingegangen werden. Sie machen nicht den Grundton des Buches aus, sondern stehen in einem merkwürdigen Spannungsverhältnis zu anderen eschatologisch-messianischen Einsichten. Arendt jedenfalls las einige Bemerkungen Bultmanns zum Judentum äußerst kritisch, wie ihr Exemplar in der Bibliothek des Bard College belegt. Anderem konnte sie offensichtlich sehr zustimmen (https://blogs.bard.edu/arendtcollection/bultmann-jesus/, [letzter Abruf 28. Februar 2021]).

77 Heinrich Barth, Zur Erkenntnis Augustins, in: *Zwischen den Zeiten* IX (1931), 319–331, zu Arendt 324–326. Ich danke PD Dr. Kerstin Zeyn herzlich für die freundlich-kollegiale Übersendung der Rezension.

78 Heinrich Barth wollte seine Texte aus *Zwischen den Zeiten* später nicht mehr abgedruckt wissen.

79 Siehe Heinrich Barth, *Die Freiheit der Entscheidung im Denken Augustins*, Basel 1935.

80 Heinrich Barth, Ontologie und Idealismus. Eine Auseinandersetzung mit Martin Heidegger, in: *Zwischen den Zeiten* 7 (1929), 511–540, sowie ders., Heidegger und Kant: Zu Martin Heideggers Buch über »Kant und das Problem der Metaphysik«, in: *Theologische Blätter* 9 (1930), 139–147.

81 Hans Jonas, *Augustin und das paulinische Freiheitsproblem. Ein philosophischer Beitrag zur Genesis der christlich-abendländischen Freiheitsidee*, Göttingen 1930. Vergleiche zwischen Arendts und Jonas' Augustinus-Auffassungen müssen hier ebenso unterbleiben wie Seitenblicke auf gemeinsame Freunde wie etwa Dolf Sternberger (1907–1989), da zu diesen später sehr dicht überlieferten Freundschaftsgeschichten aus dieser Zeit keinerlei Dokumente in den Nachlässen vorliegen.

82 Siehe Hans Jonas, Das Freiheitsproblem bei Augustin, in: Lore Hühn/Jörg Jantzen (Hg.), *Heideggers Schelling-Seminar (1927/28)*, Stuttgart-Bad Cannstatt 2010, 373–402. Der Band enthält ausführliche Informationen zum Kontext des Vortrages.

83 Theodor Steinbüchel, Probleme der Gegenwartsphilosophie, in: *Bonner Zeitschrift für Theologie und Seelsorge* 8 (1931), 53–64, hier: 53. Eine eigenständige, nicht namentlich gezeichnete Rezension von Arendts und Jonas' Büchern zu Augustinus erschien in der gleichen Zeitschrift 7 (1930), 183 f. Zu Arendt heißt es dort u. a.: »In drei Analysen schreitet dabei die gelehrte Arbeit vom ›amor qua appetitus‹ zur ›dilectio proximi‹, beide in Gott verwurzelt, und zur ›vita socialis‹ fort, in der A. den Nächsten abermals in einen neuen Seins- und Wertkreis eingeschlossen weiß.« Im *Archiv für*

Geschichte der Philosophie nennt Adolf Dyroff (1866–1943) Arendts Buch lediglich, setzt sich aber mit Jonas' Studie ausführlich und am Ende ablehnend auseinander: 40 (1931), 126 f.

84 Arendts Studie wird während des gesamten »Dritten Reichs« auch in der deutschsprachigen theologischen Fachliteratur erwähnt, wo sie noch heute gelegentlich angeführt wird.

85 Rychner publizierte als Redakteur den einzigen gemeinsam geschriebenen Text von Arendt und Stern über Rilkes »Duineser Elegien« in: *Neue Schweizer Rundschau* 11 (1930), 855–871. Im gleichen Jahr publizierte Arendts Heidelberger Bekannter, der späterhin berühmte Romanist Hugo Friedrich (1904–1978), eine Studie über Franz Kafka in der Zeitschrift. Benjamin publizierte dort mehrere Aufsätze. Rychner betreute Arendts Texte in der *Kölnischen Zeitung*.

86 Einen fundierten Eindruck vom »Augustinismus« in ruhigeren Zeiten liefert Andreas Inauen, Augustinus und Augustinismus, in: *Zeitschrift für katholische Theologie* 48 (1924), 261–279.

87 Siehe Thomas F. O'Meara, Paul Tillich and Erich Przywara at Davos, in: *Gregorianum* 87 (2006), 227–238.

88 Erich Przywara, Das augustinische Geistesmotiv und die Krisis der Gegenwart, in: *Kant-Studien* 35 (1930), 252–272. Zeitgleich erschien auch ein Artikel in der *Literarischen Welt* unter dem Titel »Augustinus unsterblich«.

89 So im entsprechenden Abschnitt des Aufsatzes in den *Kant-Studien*, 271.

90 Erich Przywara, *Religionsbegründung. Max Scheler – Henry Newman*, Freiburg 1923, 63, 258–267 u. ö.

91 Erich Przywara, *Augustinus. Die Gestalt als Gefüge*, Leipzig 1934.

Siglenverzeichnis

KAH = Korrespondenz Arendt/Heidegger
KAJ = Korrespondenz Arendt/Jaspers
KJH = Korrespondenz Jaspers/Heidegger

Literaturverzeichnis

Archive

Promotionsakte Hannah Arendt, H-IV-757_24, Universitätsarchiv Heidelberg.

Briefe von Hannah Arendt an Erwin Loewenson, Nachlass Erwin Loewenson, Deutsches Literaturarchiv, Marbach.

Korrespondenz Hannah Arendt Verlag Julius Springer, Sammlung Springer Archiv, Zentral- und Landesbibliothek Berlin.

Korrespondenz Karl Jaspers Verlag Julius Springer, Sammlung Springer Archiv, Zentral- und Landesbibliothek Berlin.

Literatur

1. Texte von Hannah Arendt

Der Liebesbegriff bei Augustin. Versuch einer philosophischen Interpretation, Berlin 1929.

Der Liebesbegriff bei Augustin. Versuch einer philosophischen Interpretation. Hg. und mit einem Nachwort versehen v. Ludger Lütkehaus, Berlin 2003.

Der Liebesbegriff bei Augustin. Versuch einer philosophischen Interpretation. Hg. und mit einem Essay zur Einleitung v. Frauke Annegret Kurbacher, Hildesheim 2006.

Der Liebesbegriff bei Augustin. Versuch einer philosophischen Interpretation. Hg. v. Frauke Annegret Kurbacher, Hamburg 2018.

Arendt, Hannah, *Love and Saint Augustine*. Ed. and with an Interpretive Essay by Joanna Vecchiarelli Scott/Judith Chelius Stark, Chicago 1996.
Arendt, Hannah/Stern, Günther, Rilkes »Duineser Elegien«, in: *Neue Schweizer Rundschau* 11 (1930), 855–871.

2. Zeitgenössische Rezensionen

Anonym, in: *Bonner Zeitschrift für Theologie und Seelsorge* 7 (1930), 183 f.
Anonym, in: *Revue des sciences philosophiques et theologiques* 19 (1930), 580.
Anonym, in: *Bolletino di Filologia Classica* XXXIX (1932/33), 162.
Barth, Heinrich, Zur Erkenntnis Augustins, in: *Zwischen den Zeiten* IX (1931), 319–331.
Dörries, Hermann, Fünfzehn Jahre Augustin-Forschung, in: *Theologische Rundschau*, N. F. 1 (1929), 217–240.
Dyroff, Adolf, in: *Archiv für Geschichte der Philosophie* 40 (1931), 127.
Eger, Hans, in: *Zeitschrift für katholische Theologie* 55 (1931), 493 f.
Hessen, Johannes, in: *Kant-Studien* 36 (1931), 175.
Krüger, Gustav, *A Decade of Research in Early Christian Literature. 1921–1930*, in: *Harvard Theological Review* 26 (1933), 173–321.
Nygren, Anders, in: *Theologische Literaturzeitung* 57 (1932), Sp. 495–497.
Nygren, Anders, H. Arendt, Liebesbegriff, in: *Svensk Teologisk Kvartelskrift* 8 (1932), 267–269.
Seeberg, Reinhold, in: *Deutsche Literaturzeitung* 1 (1930), Sp. 2114–2116.
Steenberghen, Fernand Van, La philosophie de S. Augustin, in: *Revue néoscolastique de philosophie* 34 (1932), 366–387.
Steinbüchel, Theodor, Probleme der Gegenwartsphilosophie, in: *Bonner Zeitschrift für Theologie und Seelsorge* 8 (1931), 53–64.
Ternus SJ, Joseph, in: *Philosophisches Jahrbuch der Görres-Gesellschaft* 43 (1930), 407 f.
Thimme, Wilhelm, in: *Zeitschrift für Religionspsychologie* 4 (1931), 245.
Zepf, Max, in: *Gnomon* 8 (1932), 101–105.

3. Zitierte Literatur

Arendt, Hannah/Heidegger, Martin, *Briefe 1925 bis 1975 u. andere Zeugnisse. A. d. Nachlässen* hg. v. Ursula Ludz. 2., durchges. Aufl., Frankfurt/Main 1999.

Arendt, Hannah/Jaspers, Karl, *Briefwechsel 1926–1969*. Hg. v. Hans Saner, München 1985.

Bultmann, Rudolf, Heidegger, Martin, in: *Religion in Geschichte und Gegenwart*. Bd. II: E–H, Sp. 1687f., Tübingen 1928.

Gerl-Falkovitz, Hanna-Barbara (Hg.), *Lauterkeit des Blicks. Unbekannte Materialien zu Romano Guardini*, Heiligenkreuz im Wienerwald 2013.

Heidegger, Martin/Jaspers, Karl, *Briefwechsel 1920–1963*. Hg. v. Walter Biemel u. Hans Saner, München 1992.

Hessen, Johannes, Die Methode der Augustinusforschung, in: *Archiv für Geschichte der Philosophie* 40 (1931), 497–503.

Jaspers, Karl, *Ausgewählte Verlags- und Übersetzerkorrespondenzen*. Hg. v. Dirk Fonfara, Basel 2018.

Tömmel, Tatjana Noemi, *Wille und Passion. Der Liebesbegriff bei Arendt und Heidegger*, Frankfurt/Main 2013.

Young-Bruehl, Elisabeth, *Hannah Arendt. For Love of the World*, New Haven/London 1982.

Von Hannah Arendt liegen im Piper Verlag vor:

Vorträge und Aufsätze 1951–1960
Vorträge und Aufsätze 1941–1950
Über Palästina
Vorträge und Aufsätze 1930–1938
Macht und Gewalt
Elemente und Ursprünge totaler Herrschaft
Eichmann in Jerusalem
Fragwürdige Traditionsbestände im
politischen Denken der Gegenwart
Der Liebesbegriff bei Augustin
Rahel Varnhagen
Vita activa oder Vom tätigen Leben
Über die Revolution
Im Vertrauen
Wir Juden
Vor Antisemitismus ist man nur noch auf dem Monde sicher
Was heißt persönliche Verantwortung in einer Diktatur?
Schreib doch mal ›hard facts‹ über dich
Wie ich einmal ohne dich leben soll,
mag ich mir nicht vorstellen
Denktagebuch
Ich selbst, auch ich tanze
Wahrheit gibt es nur zu zweien
Briefe 1936–1968 (mit Heinrich Blücher)
Briefwechsel 1926–1969 (mit Karl Jaspers)
Eichmann war von empörender Dummheit
Wahrheit und Lüge in der Politik
In der Gegenwart
Zwischen Vergangenheit und Zukunft
Das Urteilen
Menschen in finsteren Zeiten
Über das Böse
Denken ohne Geländer
Ich will verstehen
Was ist Politik?
Vom Leben des Geistes